Metodologia do Ensino de Língua Portuguesa e Estrangeira

Esta coleção composta de oito títulos discute muitas das questões mais relevantes para aqueles que têm na língua seu objeto de estudo. Professores de Língua Portuguesa e de línguas estrangeiras modernas podem se beneficiar das várias metodologias de ensino contempladas na coleção, que traz, em uma multiplicidade de enfoques, densidade teórica e riqueza na proposição de estratégias pedagógicas dinâmicas. O estudante e o acadêmico da área também encontram nestes títulos teorias e discussões fundamentais em linguística, literatura e tradução.

Estudos Linguísticos: dos Problemas Estruturais aos Novos Campos de Pesquisa

Didática e Avaliação em Língua Portuguesa

A Didática do Ensino e a Avaliação da Aprendizagem em Língua Estrangeira

Produção e Avaliação de Materiais Didáticos em Língua Materna e Estrangeira

Compreensão e Produção de Textos em Língua Materna e Língua Estrangeira

Literatura, Expressões Culturais e Formação de Leitores na Educação Básica

Teoria e Prática da Tradução

Comunicação e Tecnologia no Ensino de Línguas

CB060849

Luiz Antonio Gomes Senna
Maria Angélica Freire de Carvalho

Editora
intersaberes

Literatura, Expressões
Culturais e Formação
de Leitores na
Educação Básica

EDITORA intersaberes

Rua Clara Vendramin, 58 . Mossunguê
CEP 81200-170 . Curitiba . PR . Brasil
Fone: (41) 2106-4170
www.intersaberes.com
editora@editoraintersaberes.com.br

Conselho editorial
Dr. Ivo José Both (presidente)
Drª. Elena Godoy
Dr. Nelson Luis Dias
Dr. Neri dos Santos
Dr. Ulf Gregor Baranow

Editora-chefe
Lindsay Azambuja

Supervisora editorial
Ariadne Nunes Wenger

Analista editorial
Ariel Martins

Capa
Denis Kaio Tanaami

Projeto gráfico
Bruno Palma e Silva

Diagramação
Conduta Design

Dados Internacionais de Catalogação na Publicação (CIP)
(Câmara Brasileira do Livro, SP, Brasil)

Senna, Luiz Antonio Gomes
  Literatura, expressões culturais e formação de leitores
na educação básica/Luiz Antonio Gomes Senna, Maria
Angélica Freire de Carvalho. Curitiba: InterSaberes, 2015.
(Coleção Metodologia do Ensino de Língua Portuguesa e
Estrangeira; v. 6)

  Bibliografia.
  ISBN 978-85-443-0210-1

  1. Leitura – Estudo e ensino 2. Literatura – Estudo e ensino
3. Prática de ensino 4. Sala de aula – Direção I. Carvalho,
Maria Angélica Freire de, II. Título. III. Série.

15-03521   CDD-371.3

         Índices para catálogo sistemático:
    1. Ensino de leitura e literatura: Educação 371.3

Foi feito o depósito legal.

1ª edição, 2015.

Informamos que é de inteira responsabilidade dos autores a emissão de conceitos.

Nenhuma parte desta publicação poderá ser reproduzida por qualquer meio ou forma
sem a prévia autorização da Editora InterSaberes.

A violação dos direitos autorais é crime estabelecido na Lei n. 9.610/1998 e punido
pelo art. 184 do Código Penal.

Sumário

Apresentação, 9

Linguagem e comunicação: gêneros, tipos textuais e modos de produção, 19
    Síntese, 28
    Atividades de autoavaliação, 31
    Atividades de aprendizagem, 42

Gêneros: modos de organização e produção, 47

Síntese, 53

Atividades de autoavaliação, 54

Atividades de aprendizagem, 61

Conteúdo e construção de gêneros: o registro linguístico, 65

Síntese, 78

Atividades de autoavaliação, 78

Atividades de aprendizagem, 84

A literatura e suas formas na sala de aula, 91

4.1 Literatura e ensino, 97

4.2 A literatura no processo de desenvolvimento do leitor e a leitura de mundo, 99

4.3 Literatura e desenvolvimento do leitor, 104

4.4 Comunicação multimodal, 105

4.5 Literatura e "sociedade de rede", 114

Síntese, 117

Atividades de autoavaliação, 118

Atividades de aprendizagem, 126

Leitura: processo e aprendizagem, 133

5.1 O papel da visão no ato de ler, 136

5.2 Compreensão textual: processamento de conteúdos e significação, 140

5.3 Leitura: abordagens e tipos de leitores, 144

5.4 Enfoques sobre o processo de leitura: análise, composição e interação, 147

5.5 Modelos teóricos de leitura, 150

5.6 Leitura em relação ao texto e ao leitor, 157

Síntese, 162

Atividades de autoavaliação, 163

Atividades de aprendizagem, 169

Leitura e literatura: estratégias pedagógicas e abordagem em sala de aula, 175

6.1 Pontos de reflexão sobre a leitura, 180

6.2 Leitura em sala de aula, 192

Síntese, 209

Atividades de autoavaliação, 211

Atividades de aprendizagem, 217

Considerações finais, 221

Referências, 225

Bibliografia comentada, 241

Gabarito, 247

Nota sobre os autores, 265

Apresentação

Há muito se discute a necessidade de um processo de formação de professores que reduza a distância entre os aspectos teóricos e as demandas da prática de ensino. Desde o final do século passado, aos primeiros sinais da sociedade pós-industrial, o sentido social da escola tem sido objeto de inúmeras críticas, especialmente no que se refere às finalidades de programas de ensino centralmente voltados à simples transmissão de conteúdos. No mundo contemporâneo, as tecnologias de informação digitais são capazes de levar à quase totalidade da população informações sobre quaisquer dos assuntos convencionalmente tratados nos currículos escolares, o que abriu margem para que a educação formal viesse a ter novas funções no desenvolvimento das pessoas. No entanto, por força de variados fatores, a instituição escolar – em todos os níveis de ensino – apresenta-se fortemente aparelhada para atender a padrões de formação ainda orientados para a sociedade dos séculos passados, seja pelo apreço ao ensino de conteúdos programáticos em prejuízo do desenvolvimento intelectual de forma global, seja pelo emprego recorrente de práticas de ensino e de avaliação alinhadas à cultura das ciências clássicas ou à demanda profissional da sociedade industrial. Esses fatores que se impõem sobre a escola constituem o que se chama ***cultura escolar***, cujos valores e sentidos sociais mais profundos ganharam *status* de um conceito dos mais característicos na sociedade moderna.

Não se deve, no entanto, imputar à cultura escolar a responsabilidade pela aparente resistência da escola a se adaptar às demandas de formação de uma sociedade que já dispõe de recursos para suprir o lugar de uma instituição meramente "ensinante". É realmente curioso o fato de que as práticas culturais tenham se transformado de modo tão significativo e tão mais rapidamente do que a cultura escolar. Entretanto, isso aconteceu em um espaço de tempo muito curto, a ponto de, ainda hoje, as práticas de cultura produzidas neste século não terem chegado a se constituir conceitos sociais, ao menos não com a mesma consistência com que se reconhecem conceitos considerados tradicionais, tal como o da cultura escolar. Por esse motivo, por mais que as práticas contemporâneas de cultura atravessem a todo instante a escola, a cultura escolar tende a reduzi-las às formas consagradas em um mundo dominado pela tecnologia da escrita em papel. Essa violência cultural, derivada da tentativa de conformar a cultura contemporânea às práticas culturais do passado, só pode ser justificada uma vez que se reconheça que aquelas práticas ainda têm valor social mais consagrado do que as derivadas da cultura atual.

Hoje, boa parte das transformações esperadas na educação básica escolar depende de que práticas culturais tradicionais sejam sublimadas pela consolidação das práticas culturais contemporâneas como conceito social, e que estas, portanto, tornem-se uma cultura tão legítima quanto as que lhe antecederam. Não é missão fácil a de formar professores para essa instituição escolar em transição cultural, já bem o denotam as intensas discussões sobre a iniquidade dos currículos de formação de professores em face das demandas dos variados sistemas de ensino. A formação dos professores é uma questão acadêmica das mais interessantes, pois nos põe à frente de um verdadeiro paradoxo. As universidades e os demais centros de formação de professores constituem os principais polos de produção de conhecimentos acerca da sociedade contemporânea, suas práticas e seus sujeitos sociais. É ingenuidade, dessa maneira, pensarmos que o século XXI e sua cultura sejam fenômenos pouco conhecidos por parte daqueles que, direta ou indiretamente, estão formando os novos professores. Raramente, nos cursos de licenciatura, especialmente nas ciências humanas, deixa-se de abordar com os professores em formação o impacto das tecnologias digitais e hipertextuais sobre as práticas de cultura e seus sujeitos contemporâneos. Entretanto – e aí reside o paradoxo –, os saberes que se veiculam na formação dos professores não parecem contribuir diretamente para a modificação da cultura escolar tradicional, permitindo que os licenciandos, apesar de esclarecidos sobre os sujeitos sociais que lhes esperam nas escolas, formem-se professores cuja prática docente pouco contribui para a construção de uma escola contemporânea.

Existe um hiato entre a razão declarada pelo professor em suas aulas e os sentidos subjacentes às suas ações, sendo estes muitas vezes inconscientes, derivados das representações socioculturais imanentes a tudo que se vive e aprende. Tais sentidos, que atribuem o verdadeiro valor de educação ao ato de ensinar, representam aquilo que hoje é denominado *currículo*. Mais do que um punhado de conteúdos programáticos ordenados de alguma forma sistemática, o currículo representa as vocações do ensino como atividade pública, como interferência sobre outro ser, visando ao seu futuro e ao da sociedade que o cerca. É no currículo, portanto, que reside a cultura escolar, ou, melhor dizendo, o currículo é a própria cultura escolar manifestada nas ações do professor. O hiato entre aquilo que o professor diz professar no ensino e o currículo que se deixa transparecer em suas ações de ensino resulta, então, de dois fenômenos que ainda não guardam coerência entre si, a saber: 1) a consciência do professor de que sua prática de ensino deve se orientar para um novo modelo de aluno, associado a um sujeito social cujas práticas culturais se transformaram neste início de século; e 2) a interveniência de valores tradicionais de ensino-aprendizagem sobre os quais o professor se ampara para dar legitimidade a sua intervenção sobre o outro – seu aluno.

Se considerarmos que a identidade do professor, assim como a dos demais profissionais de nível superior, origina-se de sua experiência de formação no curso de graduação, é presumível que sua concepção curricular sobre os fins e modos do ensino derivem não propriamente do conteúdo acadêmico específico da área de formação, mas do modelo de experiência curricular a que foi submetido durante o curso. Diferentemente do que acontece na educação básica, o ensino superior é regido por valores e padrões de adequação cuja centralidade não está nos sujeitos sociais a serem atendidos, mas nas premissas de rigor e adequação da cultura acadêmico-científica, supostamente universais e não sujeitas a variações temporais. Assim, embora se costume questionar severamente a competência dos professores da educação básica para atender às demandas da escola, não é hábito questionar a intransigência dos centros de formação de professores quanto à oferta de experiências curriculares que proporcionem ao licenciando – e consequentemente ao futuro professor da educação básica – um perfil docente sem lacunas entre o discurso professado e os valores subjacentes às práticas de ensino.

Não podemos afirmar que existam áreas acadêmicas na educação superior mais ou menos predispostas a evitar outros modelos curriculares além dos academicamente já reconhecidos. Algumas delas, porém, tendem a reagir mais lentamente às interferências advindas do cotidiano social, sobretudo aquelas cuja história confunde-se com a própria história do homem da era moderna, como é o caso das Letras. Apesar da designação da área sugerir a formação de um único profissional – o licenciado em Letras –, assim como consta nos diplomas de graduação, a prática é bem outra. Desde sempre, formam-se dois profissionais distintos: os professores de língua materna e os professores de línguas estrangeiras. Em princípio, em uma perspectiva das mais convencionais, os professores de língua materna têm por função o desenvolvimento das faculdades comunicativas por meio da língua culta, o estudo das propriedades gramaticais tradicionalmente associadas a certa concepção acerca do pensamento humano (como no caso dos fenômenos tratados nas gramáticas clássicas, primariamente associadas ao pensamento greco-romano) e das peças da literatura nacional. Já os professores de línguas estrangeiras concentram-se, naturalmente, sobre o estudo do sistema da língua alvo e seu léxico, assim como sobre os aspectos socioculturais da língua e seus falantes. Salvo raríssimas exceções, o ensino de língua estrangeira (L2) na educação básica não envolve o estudo sistemático das peças da literatura na respectiva língua alvo. As noções de literatura e cultura entre esses dois tipos de professores também são diferentes. Para os professores de língua estrangeira, a literatura de um povo é sua produção cultural em qualquer forma de escrita, sendo, portanto, a língua viva no seu cotidiano de uso. Para os professores de língua materna que atuam no ensino de literatura, esta tem outro sentido, herdeiro de um processo cultural que, desde o século XVI, fez uso da produção em língua escrita como instrumento de consolidação política das identidades nacionais modernas. Trata-se da literatura de uma nação, mais do que a de um povo, uma vez que seria por meio da nacionalização do imaginário literário e de sua incorporação ao cotidiano social que haveria de se constituir o povo de uma nação. É possível observar aí uma concepção de cultura e de língua que está sob o controle dos segmentos sociais detentores do poder de estabelecer o que interessa e o que não interessa no processo de construção de uma identidade nacional específica e, consequentemente, no processo de definição do povo que se deseja ter como nacional.

Mais recentemente, o pragmatismo que se desenvolveu nos estudos linguísticos a partir do século XX trouxe à tona o interesse crescente nas condições de produção e leitura do texto, fato que repercutiria de forma muito significativa nos projetos curriculares de língua materna e de línguas estrangeiras. No caso destes, introduziram-se modelos de ensino inteiramente fundamentados na descoberta pragmático-funcional do sistema da língua alvo, por meio dos chamados *métodos instrumentais*. Estratégias de ensino instrumentais partem do pressuposto de que a inserção nas práticas de cultura antecede a descoberta do sistema da língua alvo, cuja aprendizagem é resultante de um processo, inerente ao ser humano, de atribuição de sentido às experiências vividas. No caso da língua materna, desenvolveu-se a mesma tomada de consciência quanto à natureza pragmática da língua, pondo-se em evidência o texto como elemento central do processo de ensino-aprendizagem. Os livros infantojuvenis, assim como os demais gêneros discursivos, passaram desde então a ocupar um lugar cada vez mais expressivo nas escolas.

Todavia, em que pese todo o universo de instrumentos de leitura analisados e produzidos a partir de então na esfera da língua materna e das línguas estrangeiras, a noção de ensino de literatura seguiu intocada até os dias de hoje, compreendida como um domínio curricular exclusivamente vinculado ao ensino médio. Atualmente, a literatura tem sido oferecida no ensino médio em uma disciplina exclusiva, desvinculada do ensino de língua, com um programa de ensino próprio e orientado às mesmas circunstâncias curriculares que, tradicionalmente, fundaram as origens da literatura moderna. Tornou-se comum na escola compreender que a formação do leitor é da competência do professor de língua, particularmente do de língua materna, ao passo que ao professor de literatura compete a introdução do aluno na cultura literária.

Este livro toma a literatura como um domínio curricular de interesse para todos os licenciados em Letras, sejam os de língua materna, sejam os de línguas estrangeiras, atuando no ensino fundamental e no ensino médio. Paralelamente, apresentamos a cultura como o conjunto de todas as práticas, de todos os gêneros, de tudo, enfim, que torna as línguas instrumentos vivos, seja na fala, seja no papel, seja em quaisquer outros meios de expressão. Esperamos, com isso, desconstruir a cultura escolar que, convencionalmente, elegeu certa literatura e certa cultura como meios de instrução do povo. O povo não precisa mais de escolas que o instruam; precisa de escolas que lhe desenvolvam como leitor de todas as culturas e de todas as literaturas que já existiram e que venham a existir.

Apresentamos, também, um projeto curricular de formação de professores para uma sociedade cujas demandas exigem que se vá além da cultura escolar tradicional. Neste projeto, mesclam-se os gêneros acadêmicos e os papéis de sujeitos leitores, a fim de se produzir uma narrativa acadêmica que transita entre a universidade e a escola básica, entre o artigo técnico e o livro didático. Sendo assim, por meio desta obra o professor tem a oportunidade de pensar sobre sua formação teórica e confrontá-la com atividades e exercícios que o colocam diante de seu aluno, sugerindo experiências de produção de textos. Não desejamos tão somente reunir teoria e prática, propondo certo diálogo entre aspectos teórico-científicos e estratégias metodológicas. O que sugerimos é uma semiótica singular, em que as vozes do professor do ensino superior e do professor do ensino básico confundam-se em um único discurso, uma única aula, eliminando o hiato entre o discurso de formação docente e as respectivas práticas formadoras.

Este é o projeto de um curso para professores que têm o objetivo de trabalhar a literatura em uma perspectiva curricular orientada para os sujeitos sociais contemporâneos. Defendemos que a concepção curricular de ensino de literatura na educação básica encaminhe-se para a substituição da ênfase nos conteúdos programáticos pela ênfase no desenvolvimento do leitor em diferentes práticas culturais, no interior das quais a literatura se constitui a produção social da cultura escrita. Nos capítulos deste livro, discutimos – nas dimensões teórica e didática, simultaneamente – os aspectos gerais de um programa destinado a formar professores formadores de leitores, a partir de uma perspectiva da literatura como prática cultural. A título de conclusão, no último capítulo, refletimos sobre a literatura como objeto específico da prática docente por meio da apresentação e da análise de estratégias de ação pedagógica. Todos os capítulos finalizam-se com um conjunto de atividades, as quais não apenas auxiliam na sistematização dos assuntos tratados como convidam à discussão acerca da sua transferência para o domínio da sala de aula. Por intermédio dessas atividades imediatamente associadas ao conteúdo dos capítulos, desejamos instaurar o debate acerca daquilo em que se transformam os campos teóricos do professor quando em contexto de ensino em sala de aula.

Capítulo 1

Esta obra é uma proposta que compreende reflexões sobre o conceito de gêneros e de sequências textuais e uma abordagem sobre as correlações que se fazem entre texto e contexto nas produções comunicativas, visando a uma reflexão sobre a constituição dos variados gêneros que circulam na sociedade.

Linguagem e comunicação: gêneros, tipos textuais e modos de produção

A exposição teórica deste capítulo traz conteúdos sobre as operações discursivas que são realizadas por meio de gêneros e tipos textuais, objetivando:
1. classificar textos quanto ao gênero a que pertencem;
2. identificar as sequências tipológicas nos textos;
3. destacar a tipologia predominante nos gêneros;
4. verificar o domínio discursivo nos gêneros textuais;
5. reconhecer a interpenetrabilidade de gêneros em um texto.

Para ilustrar as exposições, apresentamos quadros com listagens de textos demonstrativos de como os gêneros são permeáveis a mudanças, ocasionadas por uma série de fatores, como o dinamismo social, as práticas comunicativas cotidianas, as necessidades da sociedade etc., servindo a propósitos comunicativos diversos.

Para nossas reflexões neste livro, é importante ressaltar que a participação do ser humano no mundo ocorre por meio da linguagem, o que nos permite afirmar que, sem os sistemas de significação, não podemos marcar nossa presença (estar) no mundo nem interagir, pois precisamos da linguagem para nos comunicarmos uns com os outros.

Essa comunicação acontece de modo localizado – seja em situações de fala, seja de escrita –, o que significa que, quando interagimos, a comunicação se estabelece sempre com alguém, para alguém e parte de algum lugar e com base em um porquê, isto é, há um propósito comunicativo que nos move à comunicação. Assim, nós não falamos por meio de frases desconexas, mas elaboramos textos porque construímos uma história da situação vivida no processo de interlocução (eu–tu) pela qual estamos passando, ou (eu–tu–ele, nós e eles) que estamos vivenciando, ou que estão nos contando, mesmo que estejamos lendo ou escrevendo.

Esses propósitos comunicativos nos levam a organizar nossos dizeres nos modos de fala ou escrita e em cada situação. Isso envolve o momento de produção desse dizer, o para quem esse dizer é dirigido e a razão dele, constituindo enunciados que se modificam e se adaptam a cada nova situação interativa. Tais enunciados constituem os *gêneros do discurso*, formas textuais relativamente estáveis porque sofrem alterações em sua forma, sua composição, seu conteúdo e seu estilo de acordo com as práticas sociointerativas e com a evolução do homem em sociedade.

Assim, dependendo da situação comunicativa ou do contexto situacional, estaremos diante de gêneros discursivos diversos. Para Bakhtin (2000), os gêneros podem ser classificados em *primários* e *secundários*, de acordo com seus usos e contextos.

- Os primários são os gêneros mais imediatos, da comunicação cotidiana e simples, sem maiores exigências protocolares, como a carta, o bilhete etc.
- Os secundários são aqueles gêneros que exigem uma linguagem mais formal, como um romance, uma petição etc. No entanto, o autor comenta que não é raro o gênero secundário abranger o gênero primário, isto é, um suplantar o outro: é o caso de um romance conter em seu corpo uma carta, por exemplo.

A organização dos gêneros, ou seja, o modo como eles se apresentam, não é estabelecida rigidamente, pois eles são muitos e não se pode defini-los com exatidão. Nos gêneros que circulam no nosso dia a dia, podem ocorrer variações de acordo com as mudanças socioculturais a que estamos sujeitos, as quais interferem nos usos de linguagem e, consequentemente, nas práticas comunicativas. Assim, surgem novos gêneros, muitos a partir dos já existentes, movidos pela dinâmica da realidade do homem em sociedade, em virtude da necessidade de sua (inter)ação comunicativa.

> Os gêneros textuais são "tipos relativamente estáveis de um enunciado". Em razão da riqueza e da variedade dos tipos, eles podem ser separados em dois grupos: os **gêneros primários** – aqueles que fazem parte da esfera cotidiana da linguagem e que podem ser controlados diretamente na situação discursiva, por exemplo bilhetes, cartas, diálogos, relato familiar... – e os **gêneros secundários** – textos, geralmente mediados pela escrita, que fazem parte de um uso mais oficializado da linguagem; entre eles, o romance, o teatro, o discurso científico..., e que, por esta razão, não têm o imediatismo do gênero anterior.

Fonte: Bakhtin, 2000, p. 279-287.

Figura 1.1 – Exemplo de texto com sequência injuntiva

Como fazer um *cupcake*

Você vai precisar:
- 100 g manteiga ou margarina
- 100 g açúcar
- 2 ovos
- 1/2 colher de chá essência de baunilha

1. Pré-aqueça o forno a 180° por 10 ou 15 minutinhos!
2. Misture o açúcar e a manteiga até ficar homogênea e textura fofa.
3. Adicione os ovos um de cada vez.
4. Agora junte tudo à farinha. Você pode usar uma batedeira elétrica, mas tome cuidado para não voar tudo!
5. Com a ajuda de uma colher, jogue a mistura numa forminha de papel para *cupcakes* e as arrume na assadeira.
6. Deixe no forno por 10 ou 15 minutos.
7. Espere esfriar para então chegar na melhor parte: decoração!!! Oba! E hummmmmm!!!

Crédito: Tiago Möller

Fonte: Adaptado de Cereja..., 2011.

A circulação dos gêneros ocorre em "continentes" que os (su)portam em espaços como jornais, livros, revistas, embalagens etc., os quais funcionam como "lócus físico ou virtual com formato específico que serve de base ou ambiente de fixação de gênero materializado como texto"

(Marcuschi, 2008, p. 174). Esses suportes podem ser convencionais ou incidentais:

- os **convencionais** compreendem os seguintes meios: livro, livro didático, jornal (diário), revista (semanal ou mensal), revista científica (boletins e anais), rádio, televisão, telefone, quadro de avisos, *outdoor*, encarte, *folder*, luminosos e faixas;
- os **incidentais** abrangem situações especiais, ou seja, embalagens, para-choques e para-lamas de caminhão, roupas, corpo humano, paredes, muros, paradas de ônibus, estações de metrô, calçadas, fachadas, janelas de ônibus e meios de transporte em geral (Marcuschi, 2008).

Nossa intenção comunicativa nos leva a organizar nosso discurso de um modo particular ou de acordo com alguns modos de dizer, destacando modos discursivos, tanto para a composição oral quanto para a escrita, que atendem ao nosso interesse específico na comunicação.

Há textos cujo interesse maior é a orientação sobre algum tema ou conduta. Se queremos, por exemplo, passar adiante uma receita culinária, sabemos que devemos listar os ingredientes, indicar como fazer, orientar sobre o preparo e o tempo para cozimento etc. Isso significa que, em nossa ação comunicativa, devemos nos expressar de modo a predominar intenções, como instruir, listar, indicar, orientar, encaminhar – ações que, por meio da linguagem, revelam sua natureza injuntiva. Textos em que essa natureza predomina são exemplos de gêneros de tipo injuntivo – receitas, catálogos, manuais etc. – os quais apresentam uma forma de apresentação específica do discurso, uma estrutura para a organização do seu conteúdo e um estilo próprio que os caracteriza. Assim, são gêneros cuja sequência tipológica é de natureza injuntiva. Vejamos o Quadro 1.1, no qual podemos perceber que as categorias textuais aparecem relacionadas às perspectivas condicionadoras de espaço, enunciação, contextualização, enfim, às condições de produção.

Quadro 1.1 – Perspectivas comunicativas

	Narração	Descrição	Dissertação	Injunção
Quanto à perspectiva do produtor do texto	Perspectiva do fazer acontecer. Um acontecer inserido no tempo.	Perspectiva do espaço e dos seres a conhecer.	Perspectiva do conhecer, sem preocupação com tempo e espaço.	Perspectiva do fazer e do acontecer a ser realizado em um tempo posterior à enunciação.
Quanto à forma como o produtor imagina seu leitor	Como um expectador não participante. Alguém que toma conhecimento dos episódios.	Como um *voyeur*, um apreciador de detalhes sobre os ambientes e os seres.	Como um ser pensante, que busca o conhecimento e a reflexão sobre as coisas.	Como aquele que faz algo que se espera dele.
Quanto ao objetivo do produtor do texto	Contar acontecimentos, entendidos como episódios que se sucedem no tempo.	Levar o leitor a imaginar como os seres e os ambientes são.	Expor suas ideias para que os outros saibam, aprendam. Expor suas ideias usando de argumentos para convencer.	Explicar ao leitor o modo de fazer algo. Às vezes, precisa convencer ou persuadir.

Fonte: Adaptado de Travaglia, 2007, p. 97-117.

Como você pôde verificar no quadro anterior os gêneros discursivos, entendidos como "textos materializados em situações comunicativas recorrentes" (Marcuschi, 2008, p. 155), comportam, no seu interior, tipos ou modos textuais caracterizados pela identificação de sequências linguísticas subjacentes a cada um deles.

Para sermos mais específicos na definição, vejamos a conceituação de Marcuschi (2008, p. 154-155):

> Tipo textual designa uma espécie de construção teórica (em geral, uma sequência subjacente aos textos) definida pela natureza linguística de sua composição (aspectos lexicais, sintáticos, tempos verbais, relações lógicas, estilo). O tipo se caracteriza muito mais como sequências linguísticas, sequências retóricas, do que como textos materializados; a rigor, são modos textuais). Em geral, os tipos textuais abrangem cerca de meia dúzia de categorias conhecidas, como narração, argumentação, exposição, descrição, injunção.

Assim, para cada situação de comunicação, recorremos a um gênero textual que poderá englobar no seu interior diferentes tipologias ou sequências textuais, sobressaindo-se uma delas. Desse modo, podemos observar que um mesmo gênero poderá pertencer a mais de um domínio discursivo, e este, segundo Marcuschi (2008, p. 155), constitui mais "uma esfera da atividade humana" – conforme Bakhtin (2000, p. 279) – do que um princípio de classificação de textos, indicando instâncias discursivas (por exemplo: discurso jurídico, discurso jornalístico, discurso religioso etc.).

Quadro 1.2 – Gêneros e situações de comunicação

Domínios discursivos	Modalidades de uso da língua	
	Escrita	**Oralidade**
Instrucional (científico, acadêmico e escolar)	Artigo científico; verbete de enciclopédia; relatório científico; anotação de aula; nota de rodapé; diário de campo; tese; dissertação; glossário; artigo de divulgação científica; tabela; mapa; gráfico; resumo; resenha; comentário; biografia; projeto; solicitação de bolsa; cronograma de trabalho; organograma de atividade; monografia de curso; monografia de disciplina; definição; manual de ensino; bibliografia; ficha catalográfica; memorial; *curriculum vitae*; parecer técnico; verbete; parecer sobre tese; parecer sobre artigo; parecer sobre projeto; carta de apresentação; carta de recomendação; ata de reunião; sumário; índice remissivo; diploma; certificado; índice onomástico; prova de língua; prova de vestibular; redação de vestibular; prova de múltipla escolha; atestado de participação; epígrafe.	Conferência; debate; discussão; exposição; comunicação; entrevista de campo; exame oral; seminário; colóquio; arguição de tese; prova de aula; aula em videoaula; aula presencial expositiva.
Jornalístico	Editorial; notícia; reportagem; nota social; artigo de opinião; comentário; jogo; história em quadrinhos; tira; palavra cruzada; crônica policial; crônica esportiva; entrevista jornalística; anúncio classificado; anúncio fúnebre; carta do leitor; resumo de novela; reclamação; capa de revista; expediente; boletim do tempo; sinopse de novela; resumo de filme; *cartoon*; caricatura; enquete; roteiro; errata; charge; programação semanal; agenda de viagem.	Entrevista jornalística televisiva e radiofônica; entrevista coletiva; notícia de rádio e de TV; reportagem ao vivo; comentário (do âncora jornalístico); discussão; debate; apresentação; programa de rádio; boletim do tempo.
Religioso	Orações; catecismo; homilia; cântico religioso; missal; bula papal; penitência; encíclica papal.	Sermão; confissão; cantoria; benzeção; oração.

(*continua*)

(Quadro 1.2 – conclusão)

Domínios discursivos	Modalidades de uso da língua	
	Escrita	Oralidade
Saúde	Receita médica; bula de remédio; parecer médico; receita caseira; receita culinária.	Consulta; entrevista médica; conselho médico.
Comercial	Rótulo; nota de venda; fatura; nota de compra; classificados; publicidade; comprovante de pagamento; nota promissória; nota fiscal; boleto de preços; comprovante de renda; carta comercial; parecer de consultoria; formulário de compra; carta-resposta; comercial; memorando; controle de estoque; controle de venda; bilhete de passagem; carta de representação; certificado de garantia; atestado de qualidade; balanço comercial.	Publicidade de TV e de rádio; refrão de venda na rua.
Industrial	Instrução de montagem; descrição de obras; aviso; controle de estoque; atestado de validade; manual de uso.	Ordens.
Publicitário	Propaganda; publicidade; anúncio; cartaz; folheto; aviso; necrológio; *outdoor*; inscrição em muro; inscrição em banheiro; placa; endereço postal; endereço eletrônico.	Publicidade na TV e no rádio.
Lazer	Piada; jogo de palavras; adivinha; história em quadrinhos; palavra cruzada; horóscopo.	Fofoca; piada; adivinha; jogo teatral; jogo de palavra.
Interpessoal	Carta pessoal; carta comercial; carta aberta; carta do leitor; cartão de visita; *e-mail*; bilhete; ata; telegrama; memorando; boletim; relato; convite; informe; diário pessoal; aviso fúnebre; volante; lista de compras; endereço postal; endereço eletrônico; autobiografia; formulário; placa; mapa; catálogo.	Recado; conversação espontânea; telefonema; bate-papo virtual; convite; agradecimento; advertência; aviso.

Fonte: Adaptado de Marcuschi, 2008, p. 194-196.

> Destacamos que atividades orais cuja base de domínio é a escrita, como os noticiários radiofônicos e jornalísticos, lidos no *tele prompter*, os quais estão inseridos nos domínios discursivos instrucionais e jornalísticos, levam-nos a relativizar a proposta de uma organização do que pertence ao oral e ao escrito.

Síntese

Neste capítulo, pudemos perceber como a linguagem é fundamental para nos comunicarmos uns com os outros e como a organização de nossos dizeres é feita de acordo com propósitos comunicativos, nos modos de fala ou escrita, levando em conta as situações específicas de interação. Essa organização dos modos de dizer forma os gêneros textuais, definidos por Bakhtin (2000, p. 279) como "tipos relativamente estáveis de um enunciado".

Para Bakhtin (2000), nas situações com a linguagem, os sujeitos produzem estruturas comunicativas que se alteram dependendo do contexto de produção e de uso, em razão de serem marcadas com base em contextos sociais e históricos – razão por que estão sujeitas a alterações constantes.

Vimos, também, que os gêneros textuais podem englobar diversas sequências discursivas, como **narração**, **argumentação**, **exposição**, **descrição** e **injunção**, chamando atenção para o fato de que um mesmo texto pode apresentar várias dessas sequências mencionadas, o que torna o enunciado heterogêneo, havendo uma sequência dominante. Assim, caberá ao leitor identificar qual é o modo textual dominante, sendo necessário, para isso, o conhecimento da classificação das sequências textuais, conforme listamos a seguir:

- **Sequência narrativa**: Modelo textual cujo foco é a atenção do leitor em relação ao que se conta. Para isso, selecionam-se fatos constituindo uma história apresentada em fases:
  1. situação inicial: em que há um estágio de equilíbrio do texto, que pode ser modificado por uma situação de conflito ou tensão;
  2. complicação: momento de perturbação e de criação de tensão;
  3. ações: encadeamento de ações que aumentam a tensão;
  4. resolução: parte em que a tensão é diminuída, seguindo para o desencadeamento;
  5. situação final: novo estado de equilíbrio;
  6. avaliação: comentário relativo ao desenvolvimento da história;
  7. moral: o significado, o que a história quer passar ao leitor ou ouvinte.
- **Sequência argumentativa**: O propósito comunicativo é a defesa de um ponto de vista, de uma tese, e os argumentos para sustentá-la são gradativamente anexados. Essa sequência se constitui das seguintes fases:
  1. tese inicial ou premissas, contextualização ou inserção da orientação argumentativa propondo uma constatação de partida;
  2. argumentos, que apresenta dados que direcionam o texto a uma provável conclusão;
  3. contra-argumentos, ou dados que se opõem à argumentação;
  4. conclusão-tese, criada em consequência dos argumentos e contra-argumentos.
- **Sequência explicativa**: Essa sequência tem como função explicar, responder a uma pergunta, que pode ser "Por quê?" "Como?", "O quê?", sempre apresentando respostas, informações sobre o tema abordado. Apresenta as seguintes fases:

1. constatação inicial, que mostra o fato, a apresentação incontestável;
2. problematização, que questiona a afirmação inicial;
3. resolução, que explica a problematização;
4. conclusão, que faz a reformulação da constatação inicial.

~ **Sequência descritiva**: Sua função é caracterizar objetos ou pessoas, tendo como diferencial a ausência de ações, na qual existe o predomínio de formas nominais, de adjetivos. Essa sequência tem as seguintes fases:
  1. ancoragem-tema da descrição;
  2. aspectualização: enumeração dos diversos aspectos do tema;
  3. relacionamento, associação com outros elementos, "geralmente comparando ou metaforizando";
  4. reformulação, retomada do tema título.

~ **Sequência injuntiva**: Essa sequência tem como missão alcançar e persuadir o destinatário do conteúdo textual a realizar alguma ação. O objetivo principal é o de dar ordens, aconselhar, orientar, dar instruções. Como exemplo, podemos citar o horóscopo ou uma simples bula de remédio.

~ **Sequência dialogal**: É um modo de dizer que predomina em textos sob a forma de diálogo ou conversação comum. Tem como particularidade os turnos de fala que são produzidos no universo real (seja face a face ou virtualmente) entre dois ou mais interlocutores. As fases da sequência dialogal são:
  1. abertura, início da interação social, nas quais quase sempre os cumprimentos são utilizados para abrir a comunicação, como "Bom dia", "Olá", "Oi, como vai você?";
  2. operações interacionais;

3. continuação dos diálogos após a abertura;
4. fechamento, encerramento do diálogo, com palavras utilizadas em fim de conversa, como "Até mais" e "Boa noite".

Observamos também que os gêneros textuais circulam socialmente em "continentes" que os (su)portam, por exemplo, em jornais, livros, revistas, embalagens etc., que funcionam como um "lócus físico ou virtual com formato específico servindo de base ou ambiente de fixação de gênero materializado como texto" (Marcuschi, 2008, p. 174).

Em relação aos conteúdos apresentados sobre gêneros – como a conceituação de enunciado relativamente estável, bem como as caracterizações que lhe são pertinentes quanto à forma, ao conteúdo, à composição e ao estilo advindos dos propósitos comunicativos e do contexto interativo do falante –, enfatizamos que a evolução social exigirá o surgimento, nas práticas com a linguagem, de gêneros adequados às novas necessidades e às novas tecnologias, em função de interações sociodiscursivas orais e escritas do dinamismo da língua.

Atividades de autoavaliação

1. Leia o texto a seguir:

> **Segurança também depende de você**
>
> A qualidade da rodovia, a situação do veículo e as condições climáticas podem influenciar o desempenho do motorista. Mas quem está ao volante também deve tomar medidas preventivas contra o risco de acidentes. Não deixe de fazer a sua parte.

Curvas

Ao se aproximar de uma curva, freie um pouco antes, desacelerando o carro. Se ela for à esquerda, aproxime-se do acostamento. Se for à direita, posicione o veículo para o lado contrário.

Ao entrar nela, retome a aceleração de forma gradativa, deslocando o automóvel para o centro da pista. Isso ajuda a dar mais aderência ao carro. Nunca faça a curva fazendo movimentos bruscos no volante ou freie no meio dela – o veículo pode derrapar ou capotar. Se entrar rápido demais, tire o pé do acelerador e reduza a marcha, mesmo que o motor suba de rotação. Apenas com maior controle do automóvel, use moderadamente o freio.

Animais na pista

Crédito: Fotolia

Caso haja animais na pista ou nas proximidades, olhe o retrovisor para verificar se há carros por perto, reduza imediatamente a velocidade e redobre a atenção. Procure passar por trás deles e não buzine, pois isso tende a assustá-los. Também não jogue faróis altos em cima dos animais durante a noite. O ato pode paralisá-los à sua frente. Melhor parar e esperar que saiam do caminho, sinalizando a outros motoristas sobre o perigo (veja como a seguir, no trecho "A linguagem das estradas").

Ultrapassagens

É durante a ultrapassagem que acontece o maior número de acidentes nas estradas, principalmente devido à imprudência. Por isso, procure ser preciso ao calculá-la. Não se esqueça de ligar a seta e só ultrapasse pela esquerda, nunca pelo acostamento. Se necessário, buzine levemente para avisar o carro que está à sua frente sobre a manobra. Não ultrapasse quando a faixa amarela que divide a via for contínua. Também não faça isso em curvas e aclives, a não ser que você tenha total visibilidade da pista contrária. Ao ser ultrapassado, não tente apostar corrida e facilite a manobra, diminuindo a sua velocidade até que o outro veículo passe e atinja uma distância segura.

A linguagem das estradas

Crédito: Fotolia

Ao viajar, fique atento aos sinais que os motoristas usam para se comunicar:

Duas buzinadas rápidas e curtas – Agradecimento.

Piscar faróis com intervalos ou insistência aos veículos no sentido oposto – Indica que algo aconteceu adiante, como um acidente.

Veículo de trás pisca faróis com insistência – Avisa que seu carro está com problema.

Piscar os faróis e buzinar – O carro atrás de você está pedindo passagem.

Seta esquerda ligada – O motorista à sua frente está avisando para você não fazer a ultrapassagem naquele momento. Pode haver outro carro vindo no sentido oposto.

Seta direita acionada – Indica que há segurança para fazer a ultrapassagem.

Fonte: Adaptado de Proteste..., 2013.

Considerando o conteúdo desse texto, é possível afirmar que:

I) um texto com orientações sobre como configurar um programa no computador apresenta as mesmas características.
II) um manual de ensino pode ter estrutura semelhante à do texto "Segurança também depende de você".
III) uma aula expositiva é organizada com a mesma finalidade dos textos de tipologia injuntiva.
IV) um currículo é um gênero que se integra ao domínio injuntivo.

Assinale a alternativa correta:

a) As afirmativas I, II e III estão corretas.
b) As afirmativas I e II estão corretas.
c) As afirmativas III e IV estão corretas.
d) Todas as afirmativas estão corretas.

2. As sequências são unidades estruturais relativamente autônomas, que podem combinar uma ou mais unidades de sentido (proposições) em uma forma de composição com uma função específica. No texto "Segurança também depende de você", temos a sequência injuntiva, marcada por elementos linguísticos e composicionais.

Observando a estrutura e a composição do texto, podemos afirmar que:

I) o texto é escrito para induzir o leitor a dirigir de modo seguro nas rodovias.
II) o texto tem seu discurso organizado de modo objetivo, feito para tratar de um fazer prático em relação ao agir-saber dirigir na rodovia.
III) o texto descreve ações sobre a prática de direção defensiva em rodovias.

IV) o texto prescreve formas de dirigir e caracteriza-se por uma estrutura linear, com o objetivo de instruir o motorista sobre uma direção segura nas rodovias.

Assinale a alternativa correta:

a) As afirmativas I e III estão corretas.
b) As afirmativas I, II, III estão corretas.
c) Todas as afirmativas estão corretas.
d) As afirmativas I e IV estão incompletas.

3. Releia o texto a seguir:

> **Curvas**
>
> Ao se aproximar de uma, freie um pouco antes, desacelerando o carro. Se ela for à esquerda, aproxime-se do acostamento. Se for à direita, posicione o veículo para o lado contrário. Ao entrar nela, retome a aceleração de forma gradativa, deslocando o automóvel para o centro da pista. Isso ajuda a dar mais aderência ao carro. Nunca faça a curva fazendo movimentos bruscos no volante ou freie no meio dela – o veículo pode derrapar ou capotar. Se entrar rápido demais, tire o pé do acelerador e reduza a marcha, mesmo que o motor suba de rotação. Apenas com maior controle do automóvel, use moderadamente o freio.

Fonte: Adaptado de Proteste ..., 2013.

O trecho em destaque compõe o modelo textual injuntivo, tal como: horóscopo, bula de remédio, receita de bolo, entre outros. São textos que objetivam instruir, ensinar etc. Após observar exemplos de um texto injuntivo e, principalmente, o texto "Curvas", é possível afirmar que esse tipo textual tem as seguintes características:

I) Emprego de verbos no modo subjuntivo, como *freie*; *aproxime-se*; *posicione*; *tire* etc.
II) Emprego de verbos no modo infinitivo, como *aproximar*; *entrar*; do futuro do presente (ou expressão com a ideia de futuro); de vocativos.
III) Emprego de ideias que expressam ordem, conselhos, alertas, pedidos, instruções, como é o caso do texto em questão, que orienta como dirigir nas curvas.
IV) Emprego de termos que objetivem a prescrição.

Sobre as afirmativas, podemos afirmar:

a) I e III estão corretas.
b) I, II, III estão corretas.
c) Todas estão corretas.
d) I e IV estão incompletas.

4. Os gêneros podem ser: (I) resultado das práticas convencionadas por comunidades discursivas específicas; (II) evento linguístico com padrão estrutural, léxico-gramatical e características estilísticas institucionalizadas, seguindo uma esfera social ou específica de uso, o que lhes atribui um caráter convencional.

Ao considerar as ideias expostas e tomando como exemplo a lista de compras a seguir, podemos dizer que ela constitui um gênero.

Lista de compras

1. Cebola
2. Queijo branco
3. Requeijão
4. Papel higiênico
5. Limpa-vidros
6. Sapólio
7. Arroz
8. Macarrão (curto)

Crédito: Adaptado de Fotolia

Podemos justificar tal afirmação em razão de:

a) sua recorrência como prática comunicativa.
b) o estilo e a estrutura textual.
c) a enumeração empregada.
d) o ambiente físico em que o texto circula.

5. Leia o texto a seguir:

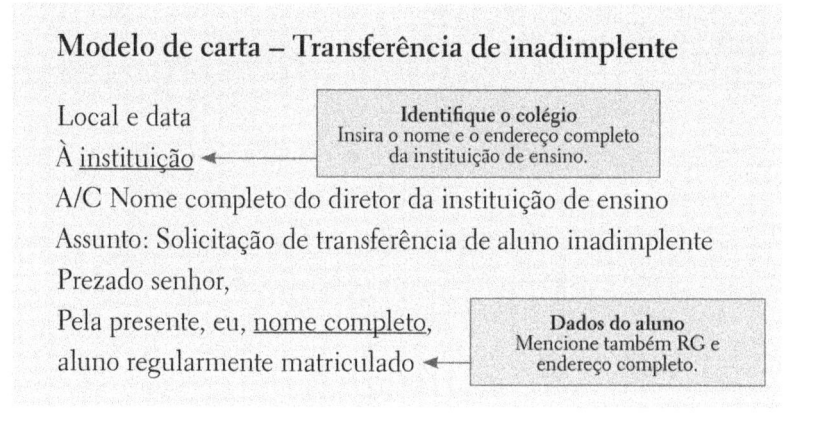

Modelo de carta – Transferência de inadimplente

Local e data
À instituição ◄—— **Identifique o colégio** Insira o nome e o endereço completo da instituição de ensino.
A/C Nome completo do diretor da instituição de ensino
Assunto: Solicitação de transferência de aluno inadimplente
Prezado senhor,
Pela presente, eu, nome completo,
aluno regularmente matriculado ◄—— **Dados do aluno** Mencione também RG e endereço completo.

no/na ano, série ou período do curso de nome desta instituição de ensino, sob o número de matrícula, venho requerer o que segue:

Em data, contratei os serviços educacionais desta instituição de ensino, ficando estipulado o valor mensal de R$ inserir valor.

Por motivos pessoais, decidi prosseguir os meus estudos em outra instituição, necessitando transferir meus dados escolares, conforme me assegura e Lei n. 9.870/1999 (lei das Anuidades Escolares). Tenho a ciência de que possuo mensalidades em aberto e assumo a responsabilidade por sua quitação total, no valor de R$ inserir valor.

> Apresente argumentos
> Mostre que sua solicitação tem fundamento jurídico.

Caso meu pleito não seja atendido, esta instituição estará cometendo uma prática abusiva. Assim, solicito que os documentos necessários estejam disponíveis no prazo de 10 (dez) dias.

Nome completo
Endereço, telefone e e-mail para contato

Fonte: Adaptado de Proteste, 2014b.

Trata-se das respostas às questões dos leitores à revista *Proteste*, publicada por uma associação de defesa do consumidor. A carta-resposta sob o título "Transferência de inadimplente" tem um interlocutor pressuposto e se apresenta em uma composição híbrida.

Observe o modo como o discurso se constrói no texto. Considere que nós interagimos por meio de diferentes formas de uso da língua nas práticas comunicativas. Nessas práticas, estabelecemos relações socioculturais com os demais sujeitos de linguagem utilizando gêneros textuais que respondem às necessidades de comunicação. O modelo de carta apresentado é um exemplo para uma dessas necessidades de comunicação. Analise as proposições sobre ele.

I) Nesse exemplo há imbricação de gêneros.
II) O interlocutor presta um serviço social orientando como elaborar um texto técnico.
III) A característica da esfera comunicativa dominante é a de gênero secundário.
IV) As sequências descritiva e injuntiva se destacam no texto.

Assinale a alternativa que corresponde à sequência de preposições corretas:

a) I, II, IV.
b) I, III, IV.
c) III, IV.
d) I, II, III, IV.

Atividades de aprendizagem

Questões para reflexão

1. Leia a manchete na notícia a seguir:

> **Autores revelados pelo Wattpad, rede social literária, atraem a atenção de editoras brasileiras**
>
> Nomes como Anna Todd, de 'After', chegam às livrarias do país após alcançarem até um bilhão de visualizações
>
> POR LIV BRANDÃO

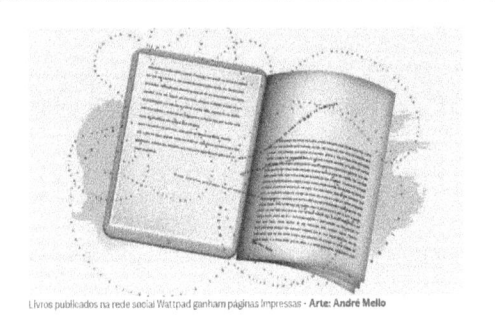

Livros publicados na rede social Wattpad ganham páginas impressas - Arte: André Mello

Fonte: Brandão, 2014.

As interações de pessoas conectadas à *web* permitiram o surgimento de novos gêneros e a alteração das feições de muitos já existentes. As redes sociais são um exemplo dessa permissão. Veja o caso da rede social literária Wattpad, criada em 2006. É um espaço em que usuários publicam e compartilham textos de sua autoria, sendo, também, leitores e fãs.

Na ilustração para a reportagem, sugere-se uma imagem híbrida: um *tablet* e um livro, inferível pelas páginas avulsas. Esse hibridismo nos permite uma leitura que se pode confirmar no texto da manchete. Observe a imagem, considere a particularidade dos suportes e comente, expondo seu posicionamento crítico, a escolha do modo de apresentação.

2. A charge é um gênero construído sob o olhar de um interlocutor que se vale de recursos expressivos, como a comicidade e a crítica, para estabelecer uma relação com o seu produtor. O objetivo maior é retratar o contexto social subvertendo-o e questionando-o.

Considere as informações sobre esse gênero. Faça uma pesquisa em jornais e revistas de grande circulação no seu estado. Selecione uma charge e analise os recursos expressivos que nela se apresentam. Se necessário, escolha textos que a ela se associem, por exemplo, notícias. Estabeleça uma comparação entre os conteúdos e comente-os, apresentando sua opinião.

Atividade aplicada: prática

Observe o texto a seguir:

E-mail

O recurso mais simples ainda é o correio eletrônico. O *e-mail* é a opção onde o aluno pode fazer consultas ao professor e aguardar um prazo de resposta, que dependendo do portal é imediato ou programado. Existem portais que enviam respostas em até 1 hora para horário comercial e 12 horas para outros horários. Há portais que ainda fixam 24 horas para dar um retorno.

Esse serviço se mantém para aqueles portais que não dispõem de *chat* funcionando 24 horas e para o caso de respostas mais elaboradas que requerem materiais adicionais.

Crédito: Fotolia

Fonte: Adaptado de E-mail, 2003.

O texto aborda o *e-mail* como meio de comunicação importante nas plataformas de ensino, no atendimento do professor ao aluno. Existem outros recursos de comunicação que podem ser utilizados nas plataformas de ensino. Pesquise sobre recursos comunicativos na *web*, integrados a plataformas de ensino, escolha um deles e comente sobre sua estrutura, organização e propósito comunicativo, considerando o suporte em que se encontra.

Capítulo 2

Neste capítulo, continuamos a abordagem sobre os gêneros textuais, apresentando as especificações de cada gênero de acordo com as operações por meio da linguagem realizadas pelos sujeitos, evidenciando a importância do seu domínio para as práticas oral e escrita de textos. Para isso, vamos listar as capacidades e desempenhos para operacionalização dos gêneros, relacionar as especificações de cada gênero e diferenciar gênero e tipo textual.

Gêneros: modos de organização e produção

Ao final deste capítulo, você será capaz de estabelecer uma diferença entre as tipologias textuais, sabendo conceituar, distinguir e exemplificar gêneros e sequências textuais, delimitando o gênero como um construto teórico.

Os gêneros podem ser entendidos como instrumentos que concretizam a articulação entre as práticas sociais, a linguagem e os propósitos de comunicação. Para que um gênero se estabeleça, integram-se os elementos centrais da atividade humana:

- **Sujeito**, que diz respeito ao enunciador, aquele que age discursivamente.
- **Ação**, que se refere à situação comunicativa estabelecida em contexto.
- **Instrumento**, que se relaciona a parâmetros, ou seja, gêneros que são pinçados de acordo com a situação de linguagem.

Para o desempenho dos sujeitos na situação comunicativa, são necessários o domínio de capacidades cognitivas, a operacionalização linguístico-discursiva e a adaptação contextual.

Além disso, é preciso que o falante, de um modo geral, para um bom desempenho na prática oral e escrita de textos, saiba as especificações de cada gênero. Dessa forma, poderá adequar os usos diversos às situações de produção, ao tema, ao contexto, à forma composicional, bem como saber as marcas linguísticas etc.

Para Bronckart (1999), os gêneros constituem ações de linguagem que requerem do agente/produtor uma série de decisões que ele necessita ter competência para executar: a primeira delas é a opção que deve ser feita a partir do rol de gêneros existentes, do qual ele escolherá aquele que lhe parece adequado ao contexto e à intenção comunicativa; a segunda é a decisão e a aplicação que poderá acrescentar algo à forma destacada ou recriá-la. O autor conclui:

> A escolha do gênero deverá, portanto, levar em conta os objetivos visados, o lugar social e os papéis dos participantes. Além disso, o agente deverá adaptar o modelo do gênero a seus valores particulares, adotando um estilo próprio, ou mesmo contribuindo para a constante transformação dos modelos. (Bronckart, 1999)

Vemos, então, que são várias as operações com a linguagem que podem ser efetuadas no processo de produção de um gênero, as quais dependem do enunciador, do seu interlocutor, do propósito de comunicação e do contexto.

Ações com a linguagem

1. **Capacidade de ação**: Adaptação às características do contexto e do referente.
2. **Capacidade discursiva**: Mobilização de modelos discursivos.
3. **Capacidade linguístico-discursiva**: Domínio de operações psicolinguísticas e das unidades linguísticas.

Convém distinguirmos dois elementos que, apesar de serem muito próximos, apresentam conceitos diferentes: tipos e gêneros textuais.

Quadro 2.1 – Resumo das principais diferenças entre tipos e gêneros

Tipos	Gêneros
Construção teórica definida pela natureza linguística de sua composição (aspectos lexicais, sintáticos, tempos verbais, relações lógicas, estilo).	Textos materializados em situações comunicativas recorrentes; os padrões de composição e estilo são definidos "na integração de forças históricas, institucionais e técnicas", de acordo com as práticas e os usos.
Constitui-se como uma sequência linguística subjacente ao texto, a modos textuais, não sendo, a rigor, como os textos materializados.	São textos constituídos empiricamente em funções e situações comunicativas.

(continua)

(Quadro 2.1 – conclusão)

Tipos	Gêneros
Abrangem cerca de seis categorias limitadas, sem tendência a aumentar; podendo predominar um modo de categoria num dado texto concreto.	Constituem, em princípio, listagens abertas, determinadas pelo meio, estilo, conteúdo, composição e funcionalidade discursiva.
Designação teórica dos tipos: Narração Argumentação Exposição Injunção Descrição Exposição	Exemplos de gêneros: Fábula, conto, novela, carta do leitor, texto de opinião, seminário, entrevista, horóscopo, receita culinária, bula de remédio, relato de viagem, memorial etc.

Fonte: Marcuschi, 2008, p. 154-156.

Assim, um único gênero textual pode ter em sua configuração vários tipos textuais, como narração, descrição, dissertação/argumentação e injunção, conforme a composição escolhida pelo locutor e de acordo com suas intenções comunicativas. Vejamos um exemplo.

Figura 2.1 – Intergenericidade

CLASSIFICADOS

PRECISA-SE de marqueteiro, cientista político, homem de comunicação ou político experiente. Função: ajudar a recuperar um terço do eleitorado, aquele que não era petista mas em 2002 deixou a esperança vencer o medo. Exigem-se referências. Paga-se bem. [...]

CONTRATA-SE COZINHEIRA DE FORNO E FOGÃO. De preferência, especialista em pizza. Até agora, apesar das tentativas, ninguém acertou na receita. Salário rateado entre 13 deputados e gorjetas de mais uns 20. Tratar na Câmara dos Deputados, Anexo 4.	BAIXO CLERO OFERECE serviços em plenário. Deputados carinhosos e dispostos a massagear a tecla "sim" em qualquer votação, mas qualquer mesmo, oferecem sua colaboração ao Planalto. De preferência, pagamento em emendas, viagens e outros mimos.

Fonte: Adaptado de Chagas, 2006.

Sobre o texto apresentado, há observações importantes a serem feitas sobre o contexto de produção, o modo de escolha textual-discursiva para a apresentação do conteúdo, a organização e a disposição do tema, o estilo e a estrutura composicional do texto e a fonte de circulação.

O texto foi publicado em um momento no qual havia incerteza sobre a reeleição do então presidente da república, apresentando, de forma bem humorada, justificativas para as restrições à proposta de reeleição presidencial. No ano em que o texto foi publicado, o Brasil passava por uma grave crise política entre o governo federal e o legislativo. Trata-se de uma crítica à forma de se fazer política no país àquela época.

O que é destaque para nós, leitores, é a seleção linguística na apresentação do conteúdo no texto: mostra e anuncia aquilo de que o país precisa, optando também por fazer essa divulgação pelo formato do próprio texto, com um propósito comunicativo de denunciar fatos. Suas escolhas linguísticas são próprias para um contexto situacional merecedor de críticas, organizadas em um discurso opinativo, sob a forma composicional de anúncios, nos quais as marcas linguísticas revelam um estilo particular que se inscreve, ainda, pelo uso de características típicas do gênero **classificados**, acrescido de escolhas lexicais que mostram um juízo de valor sobre a situação apresentada.

Podemos identificar a utilização de verbos com a partícula passiva *se* – *contrata-se, procura-se* – como exemplo típico da estrutura de anúncios e, mesclada a recursos como esse, vemos a escolha de referentes linguísticos ou formas nominais projetando a opinião do autor ao anunciar as ideias por meio de expressões como *pagamento em emendas, viagens e outros mimos*, o que confirma uma ironia, apresentando um grau avaliativo no texto e dando espaço tanto para a demonstração dos argumentos do autor como para justificar sua opinião implícita sobre os fatos.

De acordo com as práticas interativas, os gêneros são agrupados de modo a atender a determinados objetivos comunicativos, os quais envolvem o que chamamos *domínios sociais de interação,* ou *domínios discursivos*. Assim, eles se organizam segundo seus domínios discursivos, conforme abordamos em seção anterior deste livro. Apresentamos a seguir uma proposta feita por Dolz e Scheuwly (2004, citado por Marcuschi, 2008, p. 219-220), já ressaltando que a organização proposta para os domínios não reflete algo estático nem limitado, pois, em se tratando de gêneros, não há como precisar suas criações.

Quadro 2.2 – Gêneros e objetivos comunicativos

Domínios sociais de interação	Tipos textuais dominantes	Exemplos de gêneros orais e escritos
Cultura literária ficcional	**Narrar** Representação de experiências vividas situadas no tempo por meio da mimese (criação de intriga)	Conto maravilhoso Fábula Lenda Narrativa de aventura Narrativa de ficção científica Narrativa de enigma Novela fantástica Conto parodiado
Documentação e memorização de ações humanas	**Relatar** Representação de experiências vividas situadas no tempo	Relato de experiência vivida Relato de viagem Testemunho *Curriculum vitae* Notícia jornalística Reportagem Crônica esportiva Ensaio biográfico
Discussão de problemas controversos	**Dissertar (argumentar)** Sustentação, refutação e negociação de tomadas de posição	Texto de opinião Diálogo argumentativo Carta do leitor Carta de reclamação Debate regrado Discurso de defesa Discurso de acusação

(continua)

(Quadro 2.2 – conclusão)

Domínios sociais de interação	Tipos textuais dominantes	Exemplos de gêneros orais e escritos
Transmissão e construção de saberes	Dissertar (expor) Apresentação textual de diferentes formas de saber	Seminário Conferência Artigo ou verbete de enciclopédia Entrevista de especialista Tomada de notas Resumo de textos expositivos ou explicativos Relatório científico Relato de experiência científica
Instruções e prescrições	Descrever ações Regulação de comportamentos	Instruções de montagem Receita Regulamento Regras de jogo Instruções de uso Propaganda

Fonte: Marcuschi, 2008, p. 219-220.

Nesse sentido, é possível concluirmos que os gêneros discursivos, longe de serem entidades formais, são muito mais entidades comunicativas, com funções, propósitos, ações e conteúdos dos mais variados (Marcuschi, 2008). Para distinguirmos uns dos outros, devemos levar em conta muito mais critérios funcionais do que especificamente estruturais da língua, pois sabemos que eles são sócio-históricos e variáveis.

Síntese

Neste capítulo, mostramos os gêneros como instrumentos de linguagem que apresentam características específicas e concretizam a articulação entre as práticas sociais e os propósitos da comunicação. São enunciados que requerem dos sujeitos ajustes dependendo dos níveis de ação em suas práticas e de acordo com suas capacidades cognitiva, linguística e sociointeracional, mediante o uso de operacionalizações textuais-discursivas e adequações contextuais.

Essas ações e capacidades desempenhadas pelos sujeitos refletem no domínio das práticas oral e escrita de textos, pois o uso de estratégias de linguagem típicas dos gêneros explicita não apenas seu domínio, mas competências para seu emprego nas diversas situações de produção, além da possibilidade de aplicação de um conhecimento estrutural e léxico-gramatical para sua recriação.

As práticas oral e escrita de enunciados envolvem desempenhar ações sociais com a linguagem, tendo conhecimento de processos comunicativos diversos: a inserção e o propósito de comunicação; a posição com base na intenção discursiva do locutor em relação ao interlocutor, dependendo do gênero a ser escrito; a função sociocomunicativa no texto em relação ao contexto, aspectos de linguagem etc. Essas ações se organizam na construção dos gêneros tendo em vista as diferentes situações comunicativas reguladoras das sequências discursivas.

Nesse entendimento, verificamos a distinção entre gêneros e tipos, bem como a noção de gêneros atrelada ao construto, ou seja, ao texto constituído empiricamente, em função da situação comunicativa. Outra noção trabalhada neste capítulo foi a dos tipos como sequência linguística resultante do propósito ou da intenção comunicativa do sujeito, como narrar, descrever, dissertar, argumentar, orientar, persuadir, instruir etc., tal como as sequências didáticas conhecidas: narração, descrição, dissertação/argumentação.

Atividades de autoavaliação

1. A escolha de um gênero também depende da intencionalidade do enunciador, a qual influencia na sua caracterização e na organização

da sua forma e função. Com base nessa afirmação, observe o texto a seguir e responda a questão proposta.

> **RESIDENCIAL BUDAPESTE**
> **✠ CONVITE ✠**
>
> O Residencial Budapeste convida você a conhecer os apartamentos mais inovadores do mercado imobiliário.
>
> **SETE OPÇÕES DE APARTAMENTOS DE 150 A 230 m²**
> **PREÇOS ACESSÍVEIS**
>
> Você, nosso convidado especial, pode agendar sua visita pelo telefone 3333-4444.
>
> Av. Juscelino Vargas, nº 175, Centro – Corretores no local

O gênero destacado é:

I) um anúncio com a estrutura de convite.
II) um exemplo de gênero publicitário.
III) funcionalmente um convite.
IV) uma configuração textual que objetiva "seduzir" o leitor.

Assinale a alternativa que corresponde à sequência de afirmações corretas:

a) I, II, IV.
b) I, III.
c) I, II, III, IV.
d) I, IV.

2. Os gêneros podem se modificar e se adaptar a cada nova interação e, ainda, atender às transformações da sociedade; por isso, há sempre a manifestação de novas formas, o que lhes atribui um caráter inovador.

Mas esse caráter, ora convencional ora inovador, atribuído ao gênero pode ser considerado uma questão de incoerência?

Compare os gêneros *carta pessoal* e *e-mail*:

> Beth, minha amiga, tudo bem?
>
> Soube da notícia sobre o seu trabalho. Não fique assim: empregos como o seu são muito bons, eu sei, mas não são únicos. E também ser demitida não é o fim do mundo. Aguarde, pois outras oportunidades surgirão. É claro que você terá mudança de rotina e reprogramação de gastos; mas, tenho certeza que, logo, você poderá contar com uma vida mais folgada.
>
> Eu continuo com aquela vida agitada e sem tempo pra mim, você conhece. As desculpas para não visitá-la são as mesmas: filho, marido, trabalho. Eu sei que isso não justifica, mas você sabe que são responsabilidades que nos consomem bastante. Um modo que encontrei de amenizar essa minha falta foi surpreendê-la com essa carta.
>
> Tenho novidades: troquei de carro, entrei pra academia e consegui, finalmente, concluir o curso de inglês. Isso me animou bastante. E você quais são as suas novidades (boas)?
>
> Aguardo notícias.
> Beijo da amiga que não a esquece:
> Ana Carolina.

> Nova mensagem
>
> Para: Ana Carolina <carol_an@mig.com.br>
> De: Beth <beth@mig.com.br>
>
> Assunto: Que alegria!
>
> Carol, amei receber a sua carta! Amiga, fiquei emocionada. Hoje é mais comum receber e-mails, mensagens... Fiquei surpresa mesmo!
> Eu também tenho novidades. Aguarde.
> Beijo.
> Beth.

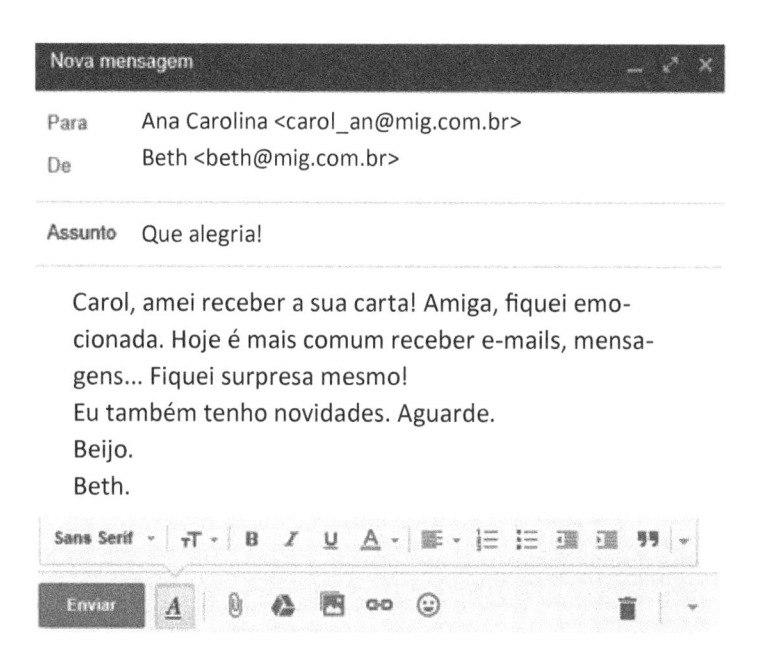

Analise os gêneros *carta pessoal* e *e-mail* e estabeleça comparações. Com relação ao *e-mail* ou correio eletrônico, é possível observar que ele:

I) é uma forma discursiva nova, mas não se trata de uma inovação absoluta.
II) apresenta uma ancoragem em outro gênero já existente e representa uma forma emergente na mídia virtual.
III) apresenta um hibridismo no registro de linguagem entre a oralidade e a escrita.
IV) tem como antecessores as cartas (pessoais, comerciais etc.) e os bilhetes.

Sobre as proposições apresentadas, podemos afirmar que:

a) todas estão corretas.
b) I, III e IV estão corretas.

c) II e III estão corretas.
d) II e IV estão corretas.

3. Observe o anúncio a seguir:

> ISTO NÃO É UMA PROMOÇÃO.
>
> **PROCURA-SE EDUARDO**
>
> QUEREMOS DEVOLVER OS ÓCULOS QUE VOCÊ PERDEU NO DIA 03 DE SETEMBRO EM UMA RUA DA ZONA SUL DE SÃO PAULO. SABEMOS SEU NOME POIS ESTAVA ESCRITO NO TERMO DE GARANTIA. ENTRE EM CONTATO.
> CADE_VOCE_EDUARDO@CHILLIBEANS.COM.BR
>
> **chilli beans**
> www.chillibeans.com.br
>
> OS ÓCULOS SERÃO DEVOLVIDOS MEDIANTE A COMPROVAÇÃO.

Fonte: Chillibeans, 2009.

Os gêneros textuais servem a propósitos comunicativos variados e, em geral, são respostas às necessidades dos sujeitos que interagem em determinados contextos. Por isso, afirma-se que eles não servem apenas a propósitos comunicativos únicos, mas apresentam, muitas vezes, um conjunto de propósitos, como se exemplifica com o texto "Procura-se Eduardo". Com base no anúncio, assinale a alternativa correta:

a) Nesse anúncio, há mais de um propósito comunicativo: anunciar e informar. Anunciar os óculos da Chili Beans e informar a Eduardo, cliente da marca, que seus óculos perdidos foram encontrados.
b) Nesse anúncio, destaca-se o propósito comunicativo de persuadir o leitor na divulgação de produtos da Chilli Beans.
c) Nesse anúncio, há a imbricação de gêneros, recurso muito utilizado no domínio discursivo publicitário.
d) Nesse anúncio, o produtor inovou ao constituir o texto em cima de um já existente, provocando um estranhamento, cujo propósito é atrair o leitor.
e) Nesse texto, ressalta-se o propósito comunicativo de persuadir o leitor com o anúncio de produtos da Chilli Beans.

4. Busque em um jornal de sua preferência a seção "Cartas dos leitores" e leia cuidadosamente cada uma das mensagens lá apresentadas. Observe que, nesse tipo de seção dos jornais, encontra-se um tipo de cartas, entre tantos outros diferentes, tais como: pessoal, administrativa, circular, judicial etc. Todas têm o propósito de contar a alguém algo sobre um fato ou tratar de um assunto. O que se modifica de uma para a outra é a intenção e o modo de realização do discurso.

Com o conhecimento de que a carta de leitor é um gênero que circula no contexto jornalístico, conforme os exemplos que você leu no jornal escolhido, assinale verdadeiro (V) ou falso (F) de acordo com as características desse tipo de texto:

( ) É veiculado em revistas ou jornais impressos ou eletrônicos.

( ) É uma composição cujo contato entre emissor e destinatário é ausente.
( ) É uma forma comunicativa em que vários propósitos se apresentam: opinar, agradecer, reclamar, solicitar, elogiar, criticar etc.
( ) É um gênero de natureza objetiva para o locutor expressar unicamente o conteúdo da mensagem.

Assinale a alternativa que contém a sequência correta:
a) V, V, F, V.
b) F, V, V, F.
c) V, F, V, F.
d) V, V, V, F.

5. Leia o texto:

―――――――― Seção Empregos ――――――――
VAGAS
GERENTE ADMINISTRATIVO

Descrição:	Salário inicial:
Procura-se profissional com experiência de no mínimo 5 anos na área administrativa e conhecimento adicional em softwares. Preferencialmente moradores da Região Sul de Curitiba.	R$ 3.500,00 + benefícios.
	Nível hierárquico:
	Profissional com graduação completa.
	Área profissional:
	Administrativo.

Observe o conteúdo do texto "Gerente administrativo". Trata-se do gênero *classificados*. Em relação à sua estrutura e à sua composição, podemos dizer que:

I) apresentam conteúdo temático relacionado a vendas, anúncios de emprego, locação de produtos diversos.
II) apresentam variação conforme o conteúdo e o tema.

III) apresentam a função sociocomunicativa de divulgar.
IV) apresentam uma linguagem subjetiva.

Sobre as proposições apresentadas, podemos afirmar que:

a) I, II, e III estão corretas.
b) I, III e IV estão corretas.
c) Todas estão corretas.
d) Somente a IV está correta.

Atividades de aprendizagem

Questões para reflexão

Para realizar as atividades 1 e 2, leia o texto a seguir:

> **Dedicatórias**
>
> Há muito tempo, quando George e eu não namorávamos ainda, mas parecíamos nos inclinar nessa direção, trocamos nossos primeiros presentes de Natal. É claro que foram livros. Sabendo que eu gostava de ursos, George me deu "The Biography of a Grizzly", de Ernest Thompson Seton. Timidamente isolada, na terceira página, estava a seguinte dedicatória: "Para uma nova verdadeira amiga". Nenhum erudito talmúdico, criptógrafo dos tempos da guerra ou crítico desconstrucionista jamais escrutinou um texto mais atentamente do que fiz com aquelas cinco palavras, na esperança de que, se interpretadas com a ênfase correta ("Para um nova verdadeira amiga", "Para uma nova verdadeira amiga", "Para uma nova verdadeira amiga"), revelariam de repente uma declaração de dedicação imortal. Sabendo que George gostava de peixes, dei a ele "Old. Mr. Flood", de Joseph Mitchell, um pequeno livro de histórias o Fulton Fish Market. O escritor

o autografara em 1948, mas deixaria eu de interferir? É claro que não. Escrevi: "Para George, com amor de Anne".

Depois transcrevi errado uma citação de Red Smith. E por fim – partindo do princípio de que, quando você não sabe o que dizer, diga tudo – acrescentei quinze linhas de reflexões próprias sobre a natureza da intimidade. Minha verborragia acumulativa, para não mencionar a franqueza de meus sentimentos, excedia a de George numa razão de aproximadamente vinte para um. É um milagre que o livro, o destinatário e a nova verdadeira amizade não tenham sido todos esmagados pelo peso da dedicatória".

Fonte: Fadiman, 2002.

1. A estrutura e a organização discursiva de um gênero partem de uma convencionalidade que o torna (re)conhecido pelos membros de uma comunidade. Essa convenção não o limita, pois sua construção se condiciona à criatividade na linguagem, às transformações socioculturais e às necessidades dos interactantes nas práticas sociointerativas. Considere essas observações e compare as dedicatórias identificadas na leitura do texto.

2. Com a leitura do trecho destacado, é possível depreender nas entrelinhas uma reflexão sobre o propósito comunicativo de uma dedicatória. Apresente elementos que possam caracterizar esse gênero.

Atividade aplicada: prática

Ainda tendo como base o texto *Dedicatória*, suponha uma situação comunicativa e um interlocutor para quem tenha de produzir uma dedicatória. Considere as convenções para o gênero, crie um contexto e produza sua dedicatória.

Capítulo 3

Os conteúdos expostos neste capítulo abordam a questão da variabilidade linguística e têm como pressuposto básico o fato de que a língua tem natureza heterogênea, ou seja, apresenta um dinamismo inerente que a faz dona de um complexo de variações linguísticas, influenciadas por fatores estruturais e sociais.

Nas interações com a linguagem, os sujeitos utilizam a língua adequando-a aos mais diferentes contextos e propósitos. Essa adequação linguística gera variação também à norma linguística. Assim, apresentaremos aqui a língua em sua diversidade, destacando, entre os aspectos abordados, os conceitos de norma objetiva, subjetiva e prescritiva, os quais se interligam tomando como foco os interlocutores.

Conteúdo e construção de gêneros: o registro linguístico

Para isso, este capítulo irá conceituar norma e variação linguística; reconhecer as adequações contextuais para diferentes registros linguísticos; listar variedades linguísticas; distinguir níveis de competências para o domínio dos registros de linguagem; e associar os registros de linguagem a diferentes gêneros textuais.

Sabemos que o texto é uma atividade verbal correspondente a uma fase do processo global de comunicação, cuja elaboração compreende operações cognitivas, estratégias linguísticas e interação social. Nós o entendemos, então, por meio de sua materialização e construção.

Isso nos leva a observar que as estratégias cognitivas inerentes à mente humana e a observação do contexto comunicativo e dos interlocutores envolvidos na enunciação são fatores postos em prática quando selecionamos o material linguístico para a composição do texto, oral e escrito, na interação social.

A seleção desses fatores envolve uma ação sociocognitiva com a linguagem, isto é, integra a organização e a construção dos mais diferentes enunciados que fazem parte da nossa comunicação, constituindo os gêneros do discurso – que são dependentes de um planejamento com a linguagem, o qual se baseia em critérios semânticos e pragmáticos.

Nos capítulos anteriores, refletimos sobre a composição do gênero e sua organização discursiva e mencionamos os registros de linguagem. Agora, abriremos um espaço maior para pensar sobre os registros linguísticos e sua relação na composição textual, na adequação aos contextos comunicativos e aos interlocutores, bem como nas práticas oral e escrita.

Leia o texto AMB *fará campanha para banir o 'juridiquês' de tribunais brasileiros*, publicado no jornal O *Globo* em 2005.

Figura 3.1 – Registros linguísticos

AMB fará campanha para banir o 'juridiquês' de tribunais brasileiros

Comitê promoverá reeducação linguística de integrantes do Judiciário

Carolina Brígido

• BRASÍLIA. Embora seja oficialmente a língua portuguesa, o que se fala e escreve nos tribunais brasileiros nem sempre é compreensível para a maioria dos brasileiros. Alguns exemplos beiram o humor: "O réu vive de espórtula, tanto é que é notória sua cacosmia", escreveu um advogado à 1ª Vara de comarca de Rosário do Sul (RS). Queria dizer que seu cliente vivia às custas de donativos, em ambiente miserável. Textos rebuscados como este estão com os dias contados. Pelo menos no que depender da vontade da Associação dos Magistrados Brasileiros (AMB), que designou um comitê para promover a reeducação linguística dos advogados, juízes e membros do Ministério Público.

A intenção é banir das decisões e dos julgamentos do Judiciário o costume de se escrever na ordem indireta, com palavras em desuso. Os principais alvos da campanha serão os estudantes de direito. A partir do próximo semestre, a AMB promoverá palestras em faculdades para convencer os alunos de que a linguagem formal é importante — desde que não ultrapasse os limites do entendimento possível à maioria da sociedade.

— O Poder Judiciário precisa tornar compreensível sua função diante da sociedade, para que as pessoas possam entender o que está acontecendo — diz o juiz do trabalho Roberto Siegmann, coordenador da campanha da AMB.

O juiz acha fundamental que os termos em latim continuem na forma original. O ministro Carlos Ayres Britto, do Supremo Tribunal Federal (STF), discorda. O ministro baniu de seu vocabulário termos como *caput*, usado para designar o enunciado do artigo de uma legislação. Ayres Britto prefere "cabeça". ∎

Fonte: Brígido, 2005.

Os falantes têm uma influência significativa em relação ao modo como a língua funciona nas práticas de linguagem, mesmo naquelas práticas institucionalizadas ou formais de uso. Com isso, assinalamos uma flexibilização, tanto em nível de forma quanto de função, em relação à normatização da língua, a qual se adequa aos contextos de uso e de interlocução, tendo em vista o seu propósito maior, que é o estabelecimento da comunicação.

No entanto, em se tratando de alguns contextos específicos, como é o caso do gênero *jurídico*, tem-se um registro com excesso de latinismos, o que não é comum ao cotidiano dos falantes.

O propósito de circulação desse gênero é a comunidade em geral e um réu, em particular, a quem dado processo atende; não há, portanto, muita razão, sob o ponto de vista pragmático, para a apresentação de um vocabulário rebuscado e de uma sintaxe complexa em um texto que visa atender ao cidadão, embora esse argumento deva ser relativizado.

É preciso buscar maior clareza para esses textos, tanto do ponto de vista de sua redação quanto do modo discursivo, não em relação à opção da variedade culta da língua, que permanece uma escolha própria ao gênero e ao seu ambiente de circulação, mas no que diz respeito aos excessos que se configuram em vícios de linguagem.

Norma: conceitos e uso

Norma: conceitos amplo e restrito. AMPLO: entendida como fator da coesão social. RESTRITO: corresponde aos usos e aspirações da classe social de prestígio

No sentido mais **estrito** e de maior interesse para o ensino, o termo ***norma*** se refere aos usos e às atitudes de uma classe social de prestígio, sobre o que se erguem as chamadas ***regras do uso bom***.

Distinguem-se: (I) NORMA OBJETIVA, (II) NORMA SUBJETIVA, (III) NORMA PRESCRITIVA. [Celso Cunha propõe a distinção entre norma objetiva e subjetiva com base na teorização de Eugênio Coseriu (1979 [1952])].

Norma objetiva: explícita ou padrão real, é a linguagem efetivamente praticada pela classe social de prestígio, **classe social culta escolarizada**.

Norma subjetiva: implícita ou padrão ideal, é a atitude que o falante assume perante a norma objetiva. **Atitude que a comunidade linguística espera que as pessoas tenham ou digam em determinadas situações.**

Fonte: Coseriu, 1979, p. 18-35.

De acordo com o domínio discursivo a que pertence um gênero, há um registro de linguagem que o particulariza, pois o uso que fazemos da língua atende a condicionamentos vários. Entre eles, temos a situação que envolve a comunicação, a qual, por sua vez, compreende uma série de fatores que afetam os falantes e/ou ouvintes no processo comunicativo:

- ~ o momento histórico em que se encontram;
- ~ o espaço geográfico, constituindo variantes horizontais ou dialetos geográficos;
- ~ o contexto temporal, variantes diacrônicas;
- ~ o ambiente social, subdividido em:
  - ~ coletivo, variantes socioculturais ou dialetos sociais;
  - ~ intraindividual, variantes de formalismos ou registros;
  - ~ individual, variantes etárias, relativas ao sexo;
- ~ o contexto temático, referente aos assuntos versados, onde a linguagem técnica se contrapõe à linguagem comum.

O conjunto desses condicionamentos interage com os fatores de comunicação e disso fluem as variantes linguísticas ou de registro.

Em relação ao texto AMB *fará campanha para banir o 'juridiquês' de tribunais brasileiros*, identificamos que se trata da abordagem sobre o uso de uma linguagem técnica em contraponto à linguagem comum, sob uma perspectiva crítica no tocante à compreensão do texto jurídico pelos cidadãos comuns. Nesse caso, compreendemos que o texto jurídico se particulariza em um registro de linguagem que o especifica como tal, isto é, o seu domínio discursivo, além de outros recursos linguísticos que organizam sua composição, sua estrutura e seu estilo. Em se tratando de registro de linguagem, essa particularidade no texto constitui o que a gramática denomina *jargão*, ou seja, o uso de termos técnicos referentes a uma área ou campo profissional, os quais são utilizados em excesso a ponto de prejudicar a comunicação, restringindo a interação a grupos específicos.

> Qualquer língua, falada por qualquer comunidade, exibe sempre variações, o que nos permite afirmar que a diversidade linguística é constitutiva do fenômeno linguístico, por isso a heterogeneidade natural da língua.
>
> As variedades linguísticas podem ser descritas com base em dois parâmetros básicos:
> 1. **Variação geográfica** ou **diatópica** – Está relacionada às diferenças linguísticas distribuídas no espaço físico, observáveis entre falantes de origens geográficas distintas.
> 2. **Variação social** ou **diastrática** – Relaciona-se a um conjunto de fatores que têm a ver com a identidade dos falantes e também com a organização sociocultural da comunidade de fala. Alguns fatores:

- classe social;
- idade;
- sexo;
- situação ou contexto social (chamadas *variações estilísticas* ou *registros*).

Conforme afirmamos anteriormente, a adequação linguística para a escrita do gênero deve ser feita em função de fatores sociais, culturais e ideológicos. Essa adequação constitui uma normatização para o escrito no texto, porque determina uma tendência de como escrever, relacionando a forma ao padrão de comportamento linguístico da comunidade com a qual se interage, bem como em relação ao ambiente de circulação do texto. Por essa razão, é importante que nós compreendamos a heterogeneidade natural da língua e saibamos fazer escolhas de formas linguísticas alternativas, as quais podemos utilizar de acordo com modos de uso necessariamente diversificados, nos mais variados contextos das práticas comunicativas, empregando o registro linguístico adequado a cada situação. Em resumo: devemos ser capazes de produzir gêneros apropriados ao contexto e coerentes com as regras da língua, com os propósitos comunicativos e com os interlocutores, acrescentando-se o componente discursivo das interações.

A capacidade humana de falar advém de um saber, um saber fazer ou de uma competência sobre o falar conforme os princípios da congruência em relação aos padrões universais do pensamento e do conhecimento geral, sob o qual o homem constrói a apresentação do que existe no mundo e o que ele cria em sua vivência. Em relação a planos de linguagem, podemos ter: um saber falar em geral (saber elocutivo ou competência linguística geral); um saber falar uma língua determinada, como representante de uma comunidade linguística com tradições comunitárias do saber falar (saber idiomático ou competência linguística particular); e um saber falar individual, que compreende o domínio da construção de textos em contextos diversos (é o chamado **saber expressivo** ou **competência textual**). Podemos estabelecer uma relação do entendimento desses planos com a referência atribuída pelos gregos ao conceito de *saber*. Eles tinham três palavras diferentes para nomear em perspectivas conceituais diferentes: *doxa* (saber de informação aleatória); *téchne* (saber por uma técnica aprendida); e *episteme* (saber reflexivo).

Noam Chomsky (1957) propôs o conceito de *competência*, modelo fundador, referindo-se ao conhecimento intuitivo que um locutor nativo tem de sua língua, e à capacidade de produzir e de interpretar uma infinidade de frases gramaticais inéditas. Dominique Maingueneau (2010) critica esse modelo chomskyano quanto ao inatismo das estruturas linguísticas, ao entendimento da gramática como órgão mental inscrito no código genético, argumentando que existem enunciados gramaticais submetidos a restrições específicas que delimitam o dizível de um campo discursivo – as restrições semânticas.

Maingueneau (2010) defende a ideia de uma competência discursiva, dizendo que é preciso pensar sobre a maneira como o sistema de regras se impõe aos sujeitos, visto que, além das restrições históricas, é necessário considerar as restrições de ordem sistêmica. Uma articulação entre discurso e capacidade dos sujeitos de interpretar e de produzir enunciados é esclarecida pelo princípio da competência discursiva.

A competência textual envolve o domínio da construção de textos em contextos diversos (é o chamado **saber expressivo** ou **competência textual**). Esse conceito foi inicialmente proposto por Hymes (1972): pauta-se no entendimento de que o falante, além de dominar as estruturas linguísticas, deve saber como a língua é usada pelos membros de uma comunidade de fala.

Canale e Swain (1980) desenvolveram a ideia de competência comunicativa apresentando quatro dimensões:

1. **Gramatical**: domínio do sistema linguístico em termos de regras e uso.
2. **Sociolinguística**: Habilidade de usar a língua de forma adequada ao contexto.
3. **Discursiva**: Habilidade de combinar forma e conteúdo de modo coerente.
4. **Estratégica**: Habilidade para superar limitações na produção linguística e resolver problemas de comunicação.

Na Figura 3.2, você pode visualizar melhor esse esquema.

Figura 3.2 – Competência comunicativa e suas dimensões

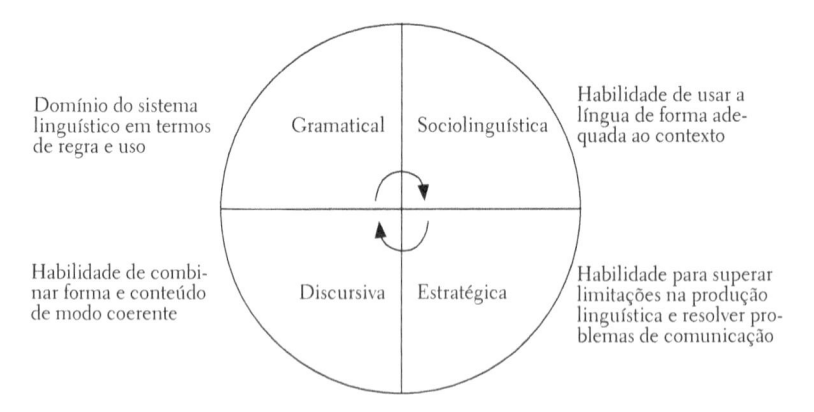

Fonte: Adaptado de Canale e Swain, 1980.

É preciso que o falante conheça a gramática, reconheça as variações da língua, utilize os registros de acordo com os contextos, identifique os diferentes usos textuais, adequando-os às práticas discursivas, e saiba solucionar qualquer impasse na comunicação, pois, com o domínio dessas habilidades, ele terá sua competência comunicativa desenvolvida.

> Em resumo, para desenvolver a competência comunicativa, é importante compreender as regras da língua; fazer a adequação aos usos de linguagem aos mais variados contextos de comunicação; produzir textos orais e escritos de acordo com os propósitos comunicativos; realizar as práticas de linguagem de modo coeso e coerente; articular e criar conteúdo no texto com os recursos dispostos na língua para as mais diversas situações de interação, superando possíveis ruídos na comunicação.

Cada comunidade de falantes se expressa de acordo com a origem cultural, o contexto econômico, o grau de escolarização e os costumes que partilha em grupo. Isso significa que, apesar de uma norma linguística que nos é imposta por uma comunidade específica, a qual aponta regras que definem o certo e o errado no dizer da língua, nós, os falantes em geral, criamos um jeito particular no dizer do dia a dia com a língua.

Por isso, não esgotamos o vocabulário de uma língua nem temos todas as palavras que ouvimos e pronunciamos no dicionário. É possível criar palavras que não estejam dicionarizadas, mas que tenhamos conhecimento de que sejam de circulação comum. São termos inventados aqueles que a língua nos permite formar mediante uma estrutura que conhecemos e manejamos, por meio de uma coerência que conseguimos identificar; tratam-se de palavras que iluminam e significam realidades criadas e vistas por nós.

Essa realidade descrita varia em conformidade com os costumes de um grupo ou entre indivíduos dentro desse grupo, o que faz com que, em um bairro, grupos se diferenciem pelos modos de dizer; em estados, destaquem-se municípios com falares que se particularizam entre centro e interior; dentro do país, entre regiões, vocabulários especifiquem grupos de falantes em classes, evidenciando estratos sociais e registros de idade, marcando gerações e falares entre gêneros etc. Enfim, as variações nos modos de expressar e vivenciar a realidade *da* e *na* língua constituem um tema que merece atenção especial quando falamos de produção de textos.

Observe a tirinha mostrada na Figura 3.3.

Figura 3.3 – Linguagem e cotidiano

Fonte: Branco; Mor, 2014.

O contexto em *Bandido bom é bandido morto?* é depreendido por indícios ao longo dos quadrinhos por meio das imagens e das falas. Isso pode ser notado particularmente no diálogo do último quadrinho, na fala "Ném, o pior é ter que dar autógrafo.", na qual identificamos uma sátira ao procedimento dos policiais civis no Rio de Janeiro em ações contra bandidos que resultam em elevado número de mortos. Destacamos o uso da gíria *nem*, termo característico do subúrbio carioca, empregado, principalmente, em comunidades, também bastante presente na linguagem do "mundo" do *funk*.

A presença na tirinha de termos como *bandido*, *policial* e *sociedade* nos encaminha para um repertório mental que contextualiza uma situação comunicativa na qual predomina um registro linguístico informal e, às vezes, popular, com códigos específicos desses grupos. Apesar de o termo *sociedade* ser mais geral, seu sentido sofre a interferência dos termos *bandido* e *policial*, no que pesa à elaboração de um esquema mental para inferir um sentido para a situação comunicativa.

Tanto o contexto apresentado quanto os interlocutores são fundamentais para identificarmos a variante linguística do texto. Esses dois elementos, contexto e interlocutores, são peças-chave para o direcionamento do registro de linguagem que será usado em qualquer produção textual que se deseje fazer. Assim, voltando ao comentário sobre a linguagem do texto, não podemos afirmar veementemente que o termo *nem* seja específico de um grupo – porque por mais que haja especificidades em usos, recursos midiáticos tornam o que poderia ser particular, em termos de linguagem, em geral –, mas sabemos que ele faz parte de um vocabulário da classe popular carioca, notado no período compreendido entre os anos de 2012 e 2013, o qual é empregado para o interlocutor de um modo geral, similar à pessoalização *cara*.

O termo *nem* caracteriza-se como gíria, mas se massificou tanto que se aproxima do valor semântico de pronomes pessoais como *tu* ou *você*, em contextos informais, a depender do grupo de falantes. Entretanto, não expressa afetividade, tal como nos leva a supor que seja uma abreviatura do termo *neném*. Podemos inferir que mescla um pouco dessa ideia, mas se associa à vaguidez do termo *cara* dirigido a alguém ou, até mesmo, um *querido* sem valor particular – embora o termo *querido*, dependendo do contexto, apresente graus de avaliação. Percebemos, na tirinha, a proximidade do policial com o cidadão com o uso do termo *nem* como vocativo: "Ném, o pior é ter que dar autógrafos". Assemelha-se ao *meu* paulistano, como um termo de chamamento.

Figura 3.4 – A língua e seus condicionamentos de uso

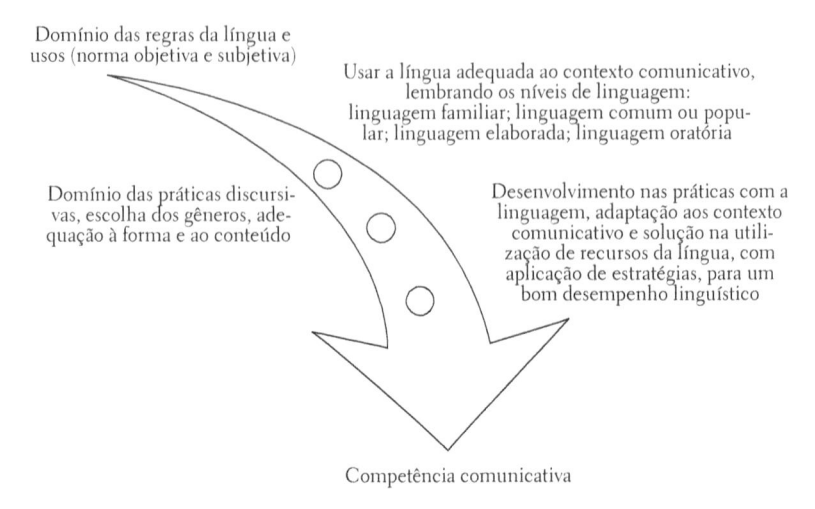

Domínio das regras da língua e usos (norma objetiva e subjetiva)

Usar a língua adequada ao contexto comunicativo, lembrando os níveis de linguagem: linguagem familiar; linguagem comum ou popular; linguagem elaborada; linguagem oratória

Domínio das práticas discursivas, escolha dos gêneros, adequação à forma e ao conteúdo

Desenvolvimento nas práticas com a linguagem, adaptação aos contexto comunicativo e solução na utilização de recursos da língua, com aplicação de estratégias, para um bom desempenho linguístico

Competência comunicativa

Com o conhecimento dessas práticas de linguagem, observamos que podemos ter o domínio de diversas representações textuais, mas não de todas, em razão da natureza inesgotável da possibilidade de criação de gêneros pelos falantes em suas práticas comunicativas, de acordo com o desenvolvimento social. Além disso, essas representações constituem construções discursivas que não são estáveis – apenas relativamente estáveis –, pois se sujeitam às variações sociais e históricas, podendo se modificar nas nossas práticas com a linguagem e com os avanços proporcionados pelo conhecimento do homem em suas interações, os quais impulsionam mudanças e promovem o novo, o que um saber para o surgimento de gêneros ou de recriações.

Figura 3.5 – Composição do gênero

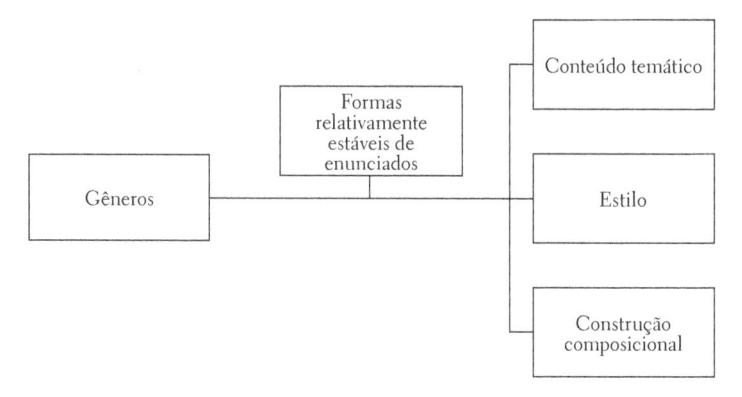

```
Gêneros ── Formas relativamente estáveis de enunciados ─┬── Conteúdo temático
                                                         ├── Estilo
                                                         └── Construção composicional
```

Fonte: Adaptado de Bakhtin, 2000, p. 279-287.

Além disso, percebemos como a língua acompanha o ritmo das mudanças e é construída e reconstruída em colaboração com os interlocutores nas interações. Nessa percepção, identificamos como podemos adequar os modos de dizer a língua nas práticas de linguagem e que, por mais que haja o estabelecimento de uma normatização, a norma linguística funciona como uma variação que se apresenta à língua – uma vez que podemos entendê-la como uma ferramenta de uso para a comunicação adequada a um contexto de usos específicos. Assim, entendemos que, de acordo com a nossa interlocução, usamos a língua de determinada forma, o que caracteriza sua natureza variante.

Por isso, é importante que nós, falantes, dominemos os mais diversos gêneros do discurso, a fim de saber empregá-los nos diversos ambientes comunicativos, tanto quando falarmos quanto quando escrevermos. Trata-se de um domínio dos saberes linguísticos, o que se estende à apreensão de conteúdos, usos de linguagem, formas, composições e estilos de gêneros que se moldam ao que pretendemos comunicar.

Síntese

Ao longo deste capítulo, verificamos o papel da linguagem na nossa vida, a importância da comunicação, o modo como organizamos nossas práticas discursivas e como elas representam o dia a dia comunicativo, bem como a importância da adequação ao uso dessas práticas, no desenvolvimento de nossa competência comunicativa.

Atividades de autoavaliação

1. Leia o texto a seguir:

> **Faça o que der, sem culpa!**
>
> A cena a seguir é real e aconteceu numa loja de roupas. Olha só:
> Irmã 1 – Que blusa linda!
> Irmã 2 – É linda mesmo. Mas não vou levar.
> Irmã 1 – Nossa, por quê? Cê tá doente?
> Irmã 2 – Não, tô curada.
>
> Amei a resposta dessa irmã que se diz curada do consumismo! Tanto que estou reproduzindo esse diálogo agora, um mês antes de começar a cair o 13º salário no bolso do brasileiro, pra ninguém exagerar diante das tentações de fim de ano. Aliás, nessa época a gente costuma ficar maluca pra deixar tudo em ordem, né? Pensando nisso, criamos um guia de organização doméstica com mais de 100 dicas pra deixar sua casa tinindo até o Natal. Não precisa cumprir tudo, claro. Basta cuidar do mais importante e dividir as tarefas com a família.

Crédito: Lidice-Bá / ANAMARIA / ABRIL COMUNICAÇÕES S/A

Fonte: Adaptado de Lidice-Bá, 2013.

Agora, observe os trechos selecionados:

I) A cena a seguir é real e aconteceu em uma loja de roupas. Olha só:

II) Irmã 1 – Que blusa linda!
Irmã 2 – É linda mesmo. Mas não vou levar.
Irmã 1 – Nossa, por quê? Cê tá doente?
Irmã 2 – Não, tô curada.

III) Amei a resposta dessa irmã que se diz curada do consumismo! [...] Aliás, nessa época, a gente costuma ficar maluca pra deixar tudo em ordem, né?

IV) Pensando nisso, criamos um guia de organização doméstica com mais de 100 dicas pra deixar sua casa tinindo até o Natal. Não precisa cumprir tudo, claro. Basta cuidar do mais importante e dividir as tarefas com a família.

Considere que nos gêneros se realizam tipos textuais, podendo ocorrer dois ou mais tipos. Assim, esse editorial é tipologicamente variado. Seguindo a enumeração das partes no texto, conforme se apresentou, a heterogeneidade tipológica nesse gênero pode ser classificada como:

a) I – Injuntiva; II – Dissertativa; III – Descritiva; IV – Narrativa.
b) I – Dissertativa; II – Descritiva; III – Narrativa; IV – Injuntiva.
c) I – Injuntiva; II – Descritiva; III – Narrativa; IV – Dissertativa.
d) I – Narrativa; II – Descritiva; III – Dissertativa; IV – Injuntiva.

2. Leia o texto a seguir:

> Procura-se:
>
> Um bocado de terra
> Algo de verde sob um sol ameno
> Um terreninho que for
> Onde reine a natureza
> E a paz

> Nada de luxo caríssimo
> Só mesmo um lugar de por uma casa
> Uma casinha
> Toda cheinha de luz
> O justo de caber dois enamorados

Reflita sobre a estrutura composicional do gênero *classificados* e do texto aqui apresentado.

Das afirmativas que seguem, escolha aquela(s) que melhor representa(m) o gênero textual em análise. Na sequência, marque a alternativa correta:

I) Apresenta versos, estrofes, rimas e ritmo, próprios de um texto poético.
II) Tem a função comunicativa de divulgar, mas a apresentação se dá em forma de poema.
III) Há uma hibridização de textos, um "intergênero".
IV) O gênero textual presente é indiscutivelmente o "gênero classificado", apesar de sua estrutura ser semelhante à de um poema.

a) As afirmativas I e II estão corretas.
b) As afirmativas II e III estão corretas.
c) As afirmativas I, II e III estão corretas.
d) Todas as afirmativas estão corretas.

3. Leia o texto *Montagem de prateleiras*:

TENHA O NÍVEL EM MÃOS
Veja aqui algumas ferramentas essenciais para dar início ao trabalho.

Crédito: Fotolia

ATENÇÃO À BUCHA
A escolha da bucha deve ser feita com bastante cuidado, pois ela deve estar de acordo com o comprimento do parafuso e com a espessura do objeto que será fixado. Na dúvida, dê preferência às de 6 mm e 8 mm, já que são adequadas para a maioria das tarefas. Só compre buchas de tamanhos diferentes ao se ver frente a um determinado tipo de fixação que exija isso.

PRATELEIRA COM TRILHO E SUPORTE
Encoste o primeiro trilho na parede, verticalmente à altura pretendida.
Com a ajuda de um nível ou de uma régua, marque a extremidade superior do primeiro trilho com um traço a lápis na parede. Faça a mesma marcação para o segundo trilho e assim por diante. A distância entre eles deve ser de 50 cm.
Coloque o primeiro trilho no local escolhido e fixe-o, provisoriamente, com dois pregos (um em cada extremidade). Marque os demais furos.
Faça os furos definitivos com a furadeira. Neles, insira as buchas e aparafuse o primeiro trilho. Faça o mesmo com as demais.
Encaixe os suportes nos locais pretendidos e coloque as prateleiras.

PRATELEIRA COM SUPORTE EMBUTIDO
Segure a prateleira na horizontal, contra a parede, e, com um nível ou uma régua, trace uma linha ao longo de sua face inferior.
Faça outro traço mais acima, a uma distância correspondente à metade da espessura da prateleira, para as fixações.
Faça furos no local escolhido. Coloque ali o suporte e posicione a prateleira sobre ele.
Marque na parte de baixo da prateleira o lugar onde os suportes deverão entrar. Retire-a e faça furos utilizando uma broca de diâmetro ligeiramente superior ao dos suportes.
Encaixe as prateleiras nos suportes. Eles desaparecem na espessura da prateleira e permitem, assim, uma fixação "invisível".

Fonte: Adaptado de Proteste, 2014a, p. 33.

Esse texto apresenta um enunciado tipicamente instrucional, cujo objetivo é o de ensinar alguém a fixar uma prateleira na parede. Entre as características desse gênero, temos:

I) a indicação de um comando-execução a ser praticado no futuro.
II) a descrição de elementos a serem praticados com base no comando-execução.
III) a inserção de justificativa com base no comando-execução presente na instrução.
IV) a determinação do comando-execução manifestado na materialidade do texto.

Sobre as proposições apresentadas, podemos afirmar que:

a) I, II, IV e V estão corretas.
b) I, III e IV estão corretas.
c) Todas estão corretas.
d) Somente a III está correta.
e) I e II estão corretas.

4. A língua se caracteriza por apresentar diferentes registros em condições de uso variadas. Suponha uma conversa familiar entre pais e filho, na qual, durante um diálogo, o filho exclama: "caraca, vocês só me chamam atenção!" Nessa conversa, identificamos a diversidade linguística mais claramente com base no parâmetro de:
a) identidade social do falante.
b) ambiente social da fala.
c) localização geográfica.
d) questões de grupo social.

5. A frase a seguir poderia ser a manchete de um jornal:

> **"Voto por emprego: de volta os crimes eleitorais"**

O contexto sociocultural estabelece e influencia um universo de práticas discursivas, ficando este, portanto, condicionado ao momento histórico e ao ambiente interativo dos sujeitos. Com base nessa afirmação, observe a manchete apresentada e analise as afirmativas a seguir:

I) Ela tem uma intenção sociocomunicativa que induz o leitor a relembrar as práticas eleitoreiras dos políticos.
II) Ela informa o leitor sobre práticas politiqueiras.
III) Ela exemplifica a força dissimulada do discurso político.
IV) Ela evidencia uma função social, a de informar o leitor, ao mesmo tempo que mostra práticas eleitoreiras proibidas em épocas de eleição.

Sobre a manchete e com base em inferências possíveis, marque a alternativa correta:

a) As afirmativas I, II, e III estão corretas.
b) As afirmativas I, III e IV estão corretas.
c) Todas as afirmativas estão corretas.
d) Somente a afirmativa IV está correta.

Atividades de aprendizagem

Questões para reflexão

Observe o texto:

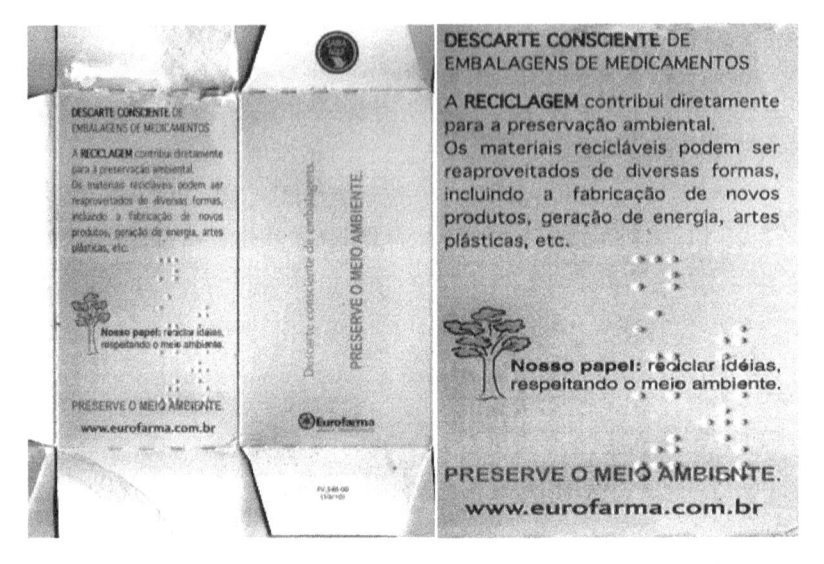

Fonte: Embalagem de medicamento, Eurofarma Laboratórios S.A, São Paulo – S.P

Observe o texto escrito no verso de uma embalagem de medicamento, identifique o modo como o discurso é dirigido ao interlocutor. Reflita sobre essa elaboração do discurso escrito e a constituição do conteúdo informativo. Considere os estudos realizados e comente, por escrito, as características do domínio discursivo predominante, destacando do texto elementos que justifiquem sua resposta.

Atividade aplicada: prática

Leia as informações teóricas sobre registro linguístico:

> As variedades de registro ocorrem de acordo com o grau de formalismo existente na situação; com o modo de expressão, isto é, trata-se de um registro oral ou escrito; com a sintonia entre os interlocutores, que envolve aspectos como graus de cortesia, deferência, tecnicidade (domínio de um vocabulário específico de algum setor científico, por exemplo) etc. São muitos os tipos de registro (tanto para a oralidade quanto para a escrita) quanto ao formalismo. Observe:
>
> Formal (ou culto) – preocupação em seguir a norma gramatical.
>
> Coloquial (tenso) – não foge à naturalidade, fiscalizado gramaticalmente.
>
> Coloquial (distenso) – conversação corrente, uso com moderação de gírias, desatenção à norma gramatical.
>
> Informal – é o caso de correspondência entre membros de uma família ou amigos íntimos e se caracteriza pelo uso de abreviações, vocabulário simplificado, construções simples.
>
> Gíria – é uma das variedades que uma língua pode apresentar. Quase sempre é criada por um grupo social. Quando ligada a profissões, a gíria é chamada de jargão.

Fonte: Ribeiro, 2013.

Acompanhe as situações de linguagem descritas a seguir:

Situação I:

Nova mensagem

Para   ani@ig.com.br
De   ang1@ig.com.br   Cc Cco

Assunto   Texto de amanhã

Oi, Ana, td bem?
Vai o texto pra a aula de amanhã. Tem que fazer o resumo.
Bjk.

Situação II:

Nova mensagem

Para   Btcam@ig.com.br
De   secrlt@ig.com.br   Cc Cco

Assunto   Aulas

Prof.ª Elizabeth,

De acordo com o horário da coordenação, suas próximas aulas iniciarão dia 07 de agosto. Detalhes sobre o programa das disciplinas poderão ser encontrados na nossa página na internet. Mais informações, entre em contato.

Secretaria Acadêmica.

Situação III:

Nova mensagem

Para condAlf@ig.com.br
De   sindJs@ig.com.gr   Cc Cco

Assunto   Assembleia_abril/2013

Srs. Condôminos:

Segue em anexo a ata da última assembleia da reunião realizada no último dia 8 de abril.

Atenciosamente.

Síndico.

As situações de linguagem descritas são exemplos de uso da norma linguística; é preciso considerar, nos exemplos, uma distinção importante em relação ao emprego da linguagem adequado às situações comunicativas e aos interlocutores, como também é preciso não confundir norma gramatical com norma padrão.

A norma padrão é aquela que vai reger os usos linguísticos de um segmento social escolarizado, letrado, e a norma gramatical é aquela que é regida segundo a prescrição de regras gramaticais externas ao sistema linguístico, encontrada em gramáticas e dicionários.

Com a leitura dos textos exemplificados, reflita sobre os registros linguísticos empregados em cada um deles. Construa, a partir da leitura e da observação da linguagem, um perfil de possíveis interlocutores e justifique sua resposta usando elementos dos textos.

Capítulo 4

Neste capítulo, apresentaremos discussões sobre a leitura literária, destacando a importância da formação do leitor desse texto, que requer habilidades e competências para a identificação de uma linguagem múltipla em significação.

A proposta inclui uma condução argumentativa para pensarmos não apenas sobre as habilidades leitoras, mas também sobre a formação do leitor, com base em uma perspectiva crítica, considerando o texto em seu conjunto estético e multicultural.

A literatura e suas formas na sala de aula

Ao considerar a inserção dos textos em diferentes ambientes de circulação, atentamos para a expectativa de que haja um maior conhecimento leitor. Trata-se de uma iniciativa importante, tanto como contribuição quanto como ação, para o desenvolvimento de competências, pois, por meio não somente do contato com a leitura literária, mas com outras práticas leitoras, será possível ampliar uma aprendizagem produtiva. Assim, ao final da leitura deste capítulo, você poderá:

- identificar um papel social atribuído à leitura da literatura;
- relacionar a leitura de textos literários às experiências do indivíduo, assim como à cultura e à história social;
- apontar traços dialógicos nos textos, identificando marcas de um texto no outro;
- identificar a construção de sentidos para o texto como colaborativa.

O domínio dos saberes linguísticos de que tratamos no capítulo anterior se refere às práticas letradas, às possibilidades que os sujeitos têm de agir com a linguagem nas suas variadas manifestações. Entre essas manifestações, destacamos a leitura da literatura como uma prática cuja apropriação, de acordo com Chartier (2001), se dá nas relações com os mais variados gêneros e suportes em espaços e circulação especificados, assim como nas práticas diferenciadas de leitura com perfis leitores constituídos nos e pelos contextos sociais. Em outras palavras, passa pelo conhecimento e pela diversidade de gêneros. Dessa forma, destacamos a diversidade e o contato com os gêneros literários propiciados pela escola, visto que este é o espaço que tem, entre suas funções, o dever de apresentá-los.

Refletindo mais profundamente sobre a literatura, podemos dizer que ela se constitui em expressão artística da linguagem na construção da vida humana, uma abordagem da língua em sua forma e função. Ela surge por meio de textos orais e escritos, promovendo e instaurando uma comunicação, e age como um mecanismo reflexivo de contextos psicológicos, sociais e históricos. Estender o conceito de *literatura* desse modo permite uma redefinição do que é literário; a literatura, pois, não se esgota nos textos em prosa e verso, valorizados em uma estética da forma, ela amplia-se: "é tudo o que é impresso (ou mesmo manuscrito), são todos os livros que a biblioteca contém (incluindo-se aí o que se chama literatura oral, doravante consignada)" (Compagnon, 2001, p. 31).

A literatura é tudo o que diz respeito ao homem, ela surge e se realiza na sociedade representando uma diversidade de observações, invenções e práticas vivenciadas e partilhadas pelos homens: relato de experiências; expressão e explosão de ideias; a (des)construção de uma história para a História; um meio de os homens se verem em relação aos outros e ao mundo; e, mais ainda, a criação, ampliação e recriação de mundos físicos e imaginários. Funda-se na configuração de um universo multiletrado, conforme a noção de Rojo (2000), porque engloba toda a produção do homem como sujeito construtor de sentidos imerso em uma rede dialógica com seus pares, por meio da linguagem.

A constância dialógica se constrói diversamente: mediante conversas cotidianas frente a frente, sincronizadas, por meio da oralidade e, também, por escrito. Expande-se ao universo caótico, mas consensual, das conversas mediadas, assíncronas, por mídias diversas: computadores, *tablets*, *smartphones*, rádios e novos suportes, que também podem se apresentar nas duas modalidades: oral e escrita. Mas o que ressalvamos é que há uma poesia nessas interações, ainda que sejam memórias inventadas. Surgem textos que podem construir e desconstruir um real que já é efeito de um olhar, pois é um real visto por alguém, sempre – e, de certa forma, toda a realidade por nós vista sofre uma pasteurização.

Os textos, então, relacionam-se com propósitos variados, desde a intenção comunicativa que os geram, constituindo, por exemplo, um apelo ao formato que assumem, apresentando um conteúdo cuja elaboração leva em conta os interlocutores, suas vivências, suas interações e seus contextos de atuação. Por isso, esses textos podem trazer, de fato, memórias "desimportantes" (Barros, 2008), expressando um ir e vir do homem, mas também podem fazer e ser literatura, surgindo do cotidiano, e esta é inteiramente inspirada nas relações humanas e fruto da cultura e da história social. Dos fatos socioculturais, surgem expressões em espelhamentos que não deixam de carregar um tom literário e promovem-se em caminhos de leitura para a literatura em manifestações escritas e, muitas vezes, na musicalidade de composições como aquelas típicas de uma contracultura: *hip-hop, funk, rap*.

> ### Sobre uma perspectiva inter e transdisciplinar no ensino, segundo os PCN+
>
> Nessa nova compreensão do ensino médio e da educação básica, a organização do aprendizado não [deve ser] conduzida de forma solitária pelo professor de cada disciplina, pois escolhas pedagógicas feitas numa disciplina não devem ser independentes do tratamento dado às demais disciplinas da área e mesmo das outras duas áreas. Aqui, tanto o ensino como a aprendizagem são vistos como ações de cunho interdisciplinar, que articulam o trabalho das disciplinas para promover competências.
>
> As linguagens, ciências e humanidades continuam sendo disciplinares, mas é preciso desenvolver seus conhecimentos de forma a constituírem, a um só tempo, cultura geral e instrumento para a vida, ou seja, desenvolver, em conjunto, conhecimentos e competências.

Fonte: Brasil, 2002, p. 14.

Considerando essas questões, o professor poderá ser com o aluno um leitor, mas, principalmente, poderá verificar e buscar quais as leituras realizadas por ele, quais os suportes a que esse leitor está mais acostumado a ter acesso e quais conteúdos poderá desenvolver e ampliar melhor, de modo produtivo. É uma forma de se portar e se constituir sob uma atitude responsiva, conforme Bakhtin (2000), pois o aluno deverá ver no professor um outro, um leitor com quem poderá, também, vivenciar conteúdos diversificados que integram seu universo e que poderão (deverão?) acrescentar-lhe novos conhecimentos. É o que defendemos no contexto de ensino com a leitura: o desenvolvimento de uma proposta de compreensão ativa e responsiva (Bakhtin, 2000), entendendo que o contato com o texto, oral e escrito, nas mais diversas interações, requer do leitor e ouvinte uma participação, uma "inevitabilidade de busca de sentido". Isso provoca a entrada na enunciação do outro com quem se interage, pois a todo instante quem compreende – ou busca compreender o discurso do outro – formula hipóteses para a construção de sentidos, que serão confirmados ou não no curso da interação, o que constitui uma negociação de sentidos em um processo de natureza dialógica.

A escola precisa incentivar a formação de leitores e, segundo os documentos institucionais, essa formação ocorre por meio de um trabalho transdisciplinar, respeitando as idiossincrasias e trazendo o mundo do aluno para a sala de aula. A instituição defende projetos pedagógicos nos quais o aluno é a figura central e, nisso, toda sua cultura de vida é valorizada – portanto, o texto do aluno é seu mundo e dele se extrai a biblioteca de uma vida, que é extensa. A instituição escolar, então, deve considerar cada componente que esse aluno pode acrescentar ao seu outro universo: a escola. Seus textos, essencialmente ele (aluno), como o texto, não poderão ser excluídos. Essas "obras" (inacabadas), como lembrou Machado de Assis (2008) em *Memórias póstumas de Brás Cubas*, deverão ser acrescentadas e partilhadas em rodas de leituras e outros eventos em que a leitura é o ponto de partida. Ele, aluno, como um extenso texto, proporcionará encontros e, talvez, desencontros com as palavras de outros, entrelaçadas no dia a dia da sala de aula.

Dessa forma, é na perspectiva de uma visão multiletrada no ensino que a escola deve investir: aproveitando todos os textos, emergentes de culturas diversas, frutos de vivências e matizes históricas, representações geográficas desviantes, guetos constituintes de uma história, construindo o alegórico no contexto da linguagem para a renovação do estabelecido e para a construção de novos conhecimentos que, a cada instante dado, acrescem-se de mais e mais possibilidades, deflagradas na infinidade de "agoras" que podem ser revistos por olhares diversos, dependendo de como e em quais contextos nos inscrevemos.

O aluno-leitor deve participar ativamente na construção de sentidos para um texto, empregando seus níveis de conhecimento: cognitivo, linguístico, textual-discursivo, social e situacional, ou seja, ele deve atuar no texto realizando operações com a linguagem por meio das quais deve demonstrar tanto o seu domínio da estrutura da língua quanto a observação do seu modo de funcionamento nos diversos contextos de ação, o conhecimento dos gêneros e a interação adequada aos interlocutores e à situação comunicativa.

O acesso a muitos livros e a troca de leituras sem um diálogo sobre o processo não bastam para ampliar o conhecimento de mundo, pois tal conhecimento implica apreensão e construção. No contato com diversas leituras, não importa somente a troca de títulos – por exemplo, em programas de leitura nos quais se realizam trocas de livros e pontos ou na realização de rodas de encontros para partilhar a leitura de final de semana. A leitura tem de ser mais direcionada para o nosso leitor, porque, reafirmamos, "todo ato de produção de sentido é um evento dialógico do significado" (Bakhtin, 1997, p. 203), o que significa que a dialogicidade penetra toda a linguagem humana.

Assim, a construção de sentidos acontece nessa relação dialógica entre produtor, leitor e os contextos de interação, na qual a correlação produz novos conhecimentos. Ser sujeito na linguagem significa trabalhar produzindo e interpretando, considerando a constituição heterogênea dos discursos. Ensinar a leitura para o aluno, portanto, é evidenciar a natureza constitutiva dos discursos no texto.

A partir desta concepção dialógica, Wanderley Geraldi (1997, p. 17) distingue as ações que os sujeitos realizam com a linguagem, as ações da linguagem e as ações que se fazem sobre a linguagem, marcando o entrecruzamento que ocorre na materialização linguística.

> A aprendizagem da linguagem é já um ato de reflexão sobre a linguagem. As ações linguísticas que praticamos nas interações em que nos envolvemos demandam esta reflexão, pois compreender a fala do outro e fazer-se compreender pelo outro tem a forma do diálogo: quando compreendemos o outro, fazemos corresponder à sua palavra uma série de palavras nossas; quando nos fazemos compreender pelos outros, sabemos que às nossas palavras eles fazem corresponder uma série de palavras suas.

Fonte: Geraldi, 1997, p. 17.

4.1 Literatura e ensino

A escola postula a formação de um cidadão crítico, o que consiste em um *dever-fazer* para um *saber-fazer* e *ser* diante do mundo, diante de si e do outro. E ser leitor tem a ver com essa tarefa, que é um progresso em si e para o mundo, pois o sujeito está para o mundo como um metadiscurso em construção. Podemos dizer, assim, que estar no mundo é estar em movimento contínuo de significação, é estar em contato com uma realidade depurada que pode não ser a vista ou a "real", tal como entendida pelo interlocutor com quem a partilhamos, e reconhecê-la como uma leitura decorrente de traços particulares, decerto ideologizantes.

Ao reconhecer essa realidade na construção do "outro", em uma forma particular de dizer, é importante que o leitor construa sua compreensão considerando as interferências dos olhares. Por isso, as propostas pedagógicas devem conduzir reflexões sobre os discursos em geral, de modo que os leitores reconheçam "marcas decorrentes de identificações políticas, ideológicas e de interesses econômicos dos agentes de produção" (Brasil, 2002, p. 79), para que, desse modo, os alunos possam realmente se posicionar de forma crítica sobre a realidade.

A visão de um leitor reflexivo e crítico, associada à percepção da escola para a realização de atividades integradoras com a literatura, convida os profissionais de outras áreas de conhecimento, não especificando o professor de línguas, partindo da realização de uma prática de ensino que envolva a articulação dos diferentes saberes, por meio de projetos de ensino, para que a literatura não se feche como uma matéria escolar ou se localize como um conteúdo associado ao ensino da disciplina de Língua Portuguesa.

Essa visão integrada permitirá a percepção de que a Literatura é uma disciplina do conhecimento, da vida e do sujeito, podendo promover a autorreflexão: a leitura permite ler nossa história por meio de textos, pelos quais podemos nos (re)ver e (re)ver a história de um povo, conhecer outras histórias. Uma crônica, aparentemente descompromissada, oportuniza ver uma situação de uma maneira que não imaginávamos, mas aquele que tem por ofício o recorte de um mundo ilustrado em palavras possibilitou o acesso à janela do literário. É por meio de uma parada mais longa na apreciação leitora que podemos vivenciar, em "mãos alheias", outras vias para as histórias.

Somos capazes de visitar em outras obras, países, fatos etc. porque o texto é um veículo que encaminha a novos meios de conhecimento. Por intermédio de um texto, podemos conhecer traços característicos da cultura de um povo e sua história, da região a que pertence, os aspectos geográficos, a construção do conhecimento, a linguagem apresentada na narrativa e infinitas possibilidades marcadas em intertextos, pois o texto é absorção e transformação de uma multiplicidade de discursos.

4.2 A literatura no processo de desenvolvimento do leitor e a leitura de mundo

Como mencionamos até aqui, com a leitura é possível desenvolver nossa capacidade reflexiva e, ao mesmo tempo, despertar nossas emoções. Em contato com textos diversos, impressos ou digitalizados, mergulhamos em novas histórias e vivenciamos mundos que nos trazem expectativas e nos confrontam com conhecimentos, permitindo a participação e o entrosamento e gerando questionamentos e respostas. Ler é um ato prenhe de permissões: para ações e reações, para modificação de realidades, para o inusitado da imaginação e para o exercício da lógica.

Em um sentido amplo, ler é atribuir sentidos a tudo o que nos cerca; é construir realidades com o vivido, o sonhado, o observado, o partilhado e o que se vai partilhar. Com os textos literários, essa partilha nos parece ainda mais plural. Para Todorov (2009, p. 33), "o leitor lê para [nas obras] encontrar um sentido que lhe permita compreender melhor o homem e o mundo, para nelas descobrir uma beleza que enriqueça sua existência; ao fazê-lo, ele compreende melhor a si mesmo".

Para saber mais

Sugestão de leitura:
TODOROV, T. Literatura não é teoria, é paixão. **Bravo!**, ano 12, n. 150, p. 38-39, fev. 2010.

É possível encontrar, nas narrativas, proximidade com nossas experiências, por meio das quais emparelhamos as realidades. Isso acontece porque "a literatura é o lugar privilegiado no qual a experiência 'vivida' e a contemplação crítica coincidem num conhecimento singular, cujo critério não é exatamente a 'verdade', e sim a 'validade' de uma interpretação mais profunda da realidade tornada em experiência" (Rosenfeld, 1976, p. 57-58). Desse modo, o que é lido no texto se troca com o vivido que é (des)construído com pontos de vista estabilizados em diferentes contextos. Vejamos como Todorov (2009, p. 76-77) nos faz refletir sobre o que pode a literatura.

> ### O que pode a literatura?
>
> A Literatura pode muito. Ela pode nos estender a mão quando estamos profundamente deprimidos, nos tornar ainda mais próximos dos outros seres humanos que nos cercam, nos fazer compreender melhor o mundo e nos ajudar a viver. Não que ela seja, antes de tudo, uma técnica de cuidados para com a alma; porém, revelação do mundo, ela pode também, em seu percurso, nos transformar a cada um de nós a partir de dentro. A Literatura tem um papel vital a cumprir; mas por isso é preciso tomá-la no sentido amplo e intenso que prevaleceu na Europa até os fins do século XIX e que hoje é marginalizado, quando triunfa uma concepção absurdamente reduzida do literário.

Fonte: Todorov, 2009, p. 76-77.

O leitor comum, que continua a procurar nas obras que lê aquilo que pode dar sentido à sua vida, tem razão contra professores, críticos e escritores que lhe dizem que a literatura só fala de si mesma ou que apenas pode ensinar o desespero. Se esse leitor não tivesse razão, a leitura estaria condenada a desaparecer num curto prazo.

Como a filosofia e as ciências humanas, a literatura é pensamento e conhecimento do mundo psíquico e social em que vivemos. A realidade que a literatura aspira a compreender é simplesmente a experiência humana. Nesse sentido, podemos dizer que Dante ou Cervantes nos ensinam tanto sobre a condição humana quanto os maiores sociólogos e psicólogos, e que não há incompatibilidade entre o primeiro saber e o segundo.

De um modo geral, a leitura, não só da literatura, mas em geral, tem uma capacidade de nos transportar para um real do qual não fazemos parte nem nele estamos presentes, mas em que podemos nos espelhar e, de acordo com nossas escolhas, nos inserir, selecionando vários pontos de entrada, de saída e, também, de identificação e de distanciamento.

Práticas permanentes de leitura, de reflexão e de diálogo nos estimulam à curiosidade intelectual, promovem a cooperação e ampliam nosso universo sociocultural, permitem o acesso a oportunidades educacionais e a recursos culturais dentro e fora de contextos interativos em geral.

A leitura de textos evidencia que a aprendizagem se dá, também, com o conhecimento de outros, quando entendemos que a escrita expressa um modo especial de ver e de entender um real, bem como com o outro, ou seja, quando entendemos que participamos no texto, construindo sentidos de modo conjunto e colaborativo com o seu produtor.

Participamos na (re)construção de suas intenções ou ações intencionais reveladas na materialidade linguística, por meio da qual é possível identificar percursos leitores e ressignificá-los de acordo com nossas experiências de mundo, formando uma rede de significações, a qual poderá ser mantida ou alterada a cada novo contato com um texto. O mesmo ocorre nas conversas, em se tratando da oralidade, identificando implícitos, ironias e implicações no dizer do outro, pois somente o desenvolvimento de uma competência crítica permite identificar leituras múltiplas, além da esperada pelas palavras ouvidas.

Ao considerarmos a nossa interação, com e no mundo, realizada por meio da atividade verbal, percebemos que nós buscamos o sentido de tudo e de todos que nos cercam; assim, fazemos uma leitura de mundos discursivos, envolvendo aspectos cognitivos, linguísticos e socioculturais. Então, pensar no desenvolvimento da leitura é ampliar o modo de ver e de pensar o mundo no mundo em que atuamos, não necessariamente se concentrar apenas em ações que englobem materiais escritos, em particular o livro literário como objeto, mas observando e interpretando tudo o que nos cerca. Quando os sujeitos pensantes entenderem a importância do olhar sobre tudo o que os cerca, perceberão também a importância de ver o olhar de outros que são expressos de diferentes modos, como é o caso do livro, que apresenta o olhar de um sujeito sobre uma realidade criada ou reconstruída.

Exemplos de apresentação de olhares sobre um real estão inscritos em fatos jornalísticos, em revistas, em livros – enfim, em um modo particular de construção da história, em narrativas diversas. O livro e o jornal como objetos de leitura são modos de ver com perfis diferenciados, em linguagens que apontam uma forma de contar e de expressar em horizontes de leitura que poderão ser (re)construídos à luz de contextos diversos, demonstrando que a formação do leitor não começa no contato com o livro, mas no contato consigo, no sentido de o sujeito se perceber capaz de construir o sentido das coisas, das pessoas e do mundo em que está inserido, bem como de entender que esses sentidos estão inscritos de maneiras diversas, em registros e modos particularizados, visto que são livres, contínuos e também "novos" a cada contato de interação.

Nas práticas cotidianas, por mais que alguém diga não ser leitor, não gostar de ler, isso não quer dizer que essa pessoa não leia, pois é comum, no sentido amplo do ser leitor, fazerem-se leituras, como a identificação do número do ônibus por meio do qual se dirige ao trabalho, a leitura do rótulo do remédio receitado pelo médico, do encarte promocional de lojas e supermercados etc., além de outras condições de acesso, como a leitura de um bilhete deixado por alguém, a agenda do dia, um *e-mail* etc., bem como a leitura de jornais, revistas, livros e outros textos que circulam socialmente.

Em um universo mais específico de leitura – a leitura escolarizada –, há o contato com os livros escolares, os textos literários, alguns títulos integrantes de uma lista "clichê", enfim, todos esses possíveis leitores estabelecem diálogos com conteúdos e informações diversas e, de algum modo, podem se declarar leitores.

Nossa proposta defende um sentido maior para a formação de leitores e de incentivo às práticas de leitura. Parte de um resgate e, ao mesmo tempo, de uma continuidade em um trajeto comum na relação entre linguagem e mundo, que é o de significar. Entendemos que não basta afirmar que a leitura é importante e que é necessário pensar em estratégias para o desenvolvimento dessa prática. O que queremos ressaltar é o fato de existir uma prática de leitura anterior à leitura escolarizada.

A ausência leitora que mais identificamos é a relacionada ao contato com o texto literário, que é o aspecto de formação leitora abordado pela escola. Esse tipo de leitura contém um material linguístico e um conteúdo que contribuem para a construção do conhecimento, bem como para o desenvolvimento de um olhar sobre diferentes realidades.

Como nossa interação com o mundo ocorre numa constante rede dialógica por meio da coprodução de sentidos, que permite ampliar o universo linguístico e cultural do qual fazemos parte, a literatura é uma das fontes que contribui com esse universo. Por meio de narrativas diversas, (re)construímos e estabelecemos posicionamentos e, no caso do texto literário, além do acesso à aprendizagem do conteúdo do texto, o modo de elaboração de sua tessitura nos aponta para uma realidade que não se limita ao aparente no linguístico. É necessário ao leitor desdobrar as marcas nesse linguístico que propiciem a ele alcançar um discursivo no texto, ou seja, um dizer do outro, a teia de significados, mediante os recursos estilísticos de que se valem os autores, os quais caracterizam e particularizam a literariedade nesses textos.

4.3 Literatura e desenvolvimento do leitor

Incentivar e investir em práticas leitoras mobiliza a sociedade pelo reconhecimento de que essa prática contribui para o desenvolvimento de competências comunicativas nos sujeitos, a sensibilidade e a expressão, promovendo também o aprendizado para a autorreflexão e o agir crítico no contexto social.

Práticas formais de incentivo à leitura se identificam em espaços institucionalizados, como escolas e universidades, onde o desenvolvimento das capacidades reflexiva e crítica se mostra como objetivo principal das ações nesses contextos. Para que isso aconteça, é necessário uma prática na qual se permita ao leitor o movimento dialógico e interdisciplinar, peculiar à leitura, em que a busca de sentidos se dê em movimentos constantes para dentro e fora do texto, ou seja, em que se estabeleçam relações de sentido no texto, comuns ao mundo que ele evoca e, também, em relação ao mundo que lhe é exterior, seja em um tempo anterior ao momento leitor e sua produção, seja em um agora.

Ler é construir sentidos, produzir conhecimentos. "Encontrar-se" com textos é participar de eventos sociointerativos – não se trata apenas de uma relação com o objeto, com o texto, mas de uma integração na qual se constrói uma relação entre autor, texto e leitor, cada um inserido em contextos específicos. Essa relação se realiza em enunciados concretos, seja em situações de fala, seja de escrita, como lemos em Bakhtin (1997, p. 203): "a palavra não é um objeto, mas um meio constantemente ativo, constantemente mutável de comunicação dialógica. Ela nunca basta a uma consciência, a uma voz. Sua vida está na passagem de boca em boca, de um contexto para outro, de um grupo social para outro, de uma geração para outra". Por isso, construir significação é dispor-se a uma rede dialógica contínua.

> A compreensão de uma fala viva, de um enunciado vivo, é sempre acompanhada de uma atitude *responsiva ativa* (conquanto o grau dessa atividade seja muito variável; toda compreensão é prenhe de resposta e, de uma forma ou de outra, forçosamente a produz: o ouvinte torna-se o locutor.

Fonte: Bakhtin, 2003, p. 290, grifo do original.

O leitor, quando em contato com um texto (em ações com a linguagem, de um modo geral), não está "mudo", é cheio de palavras interiores. Desse modo, durante a leitura há o encontro entre discursos: o do autor com o do leitor. São palavras encontrando palavras, as palavras pensadas encontrando palavras pronunciadas. Podemos dizer, de acordo com a lógica do dialogismo de Bakhtin, que o leitor tem um papel ativo que se realiza em dois planos: a réplica interior e o comentário efetivo.

Ainda de acordo com Bakhtin (2000), o dialogismo é inerente às práticas socioverbais, penetra toda a linguagem humana, tudo o que tem sentido e importância. Mesmo que o "outro" seja invisível e suas palavras estejam ausentes, há uma interferência silenciosa que confirma sua "atitude responsiva" (Bakhtin, 2000, p. 290), isto é, um modo de reagir silenciosamente ao dizer do outro. Assim, durante o processo de comunicação, o ouvinte já está elaborando uma resposta.

4.4 Comunicação multimodal

Quando enfatizamos a importância de investir na forma de ler o mundo – despertada, por exemplo, nas narrativas ouvidas na infância, em que o entusiasmo pelas descobertas em diferentes textos se amplia a ponto de culminar em um desejo de autonomia da leitura pelo domínio do código escrito, atingida com a escolarização –, nosso objetivo é ressaltar que se deve priorizar a ação de ler em uma perspectiva de comportamento leitor, que se estenderá para ambientes diversos.

Esse comportamento facilita a inserção no contexto desta sociedade informacional do século XXI, na qual o entusiasmo de que falamos se alia às pluralidades de recursos do espaço virtual. Destacamos, ainda, que esse espaço se constitui em um contexto de práticas de leitura e de escrita caracterizadoras de um letramento digital. No entanto, para o desenvolvimento da prática leitora, é necessário que a escola assuma uma perspectiva pedagógica convergente, englobando as diferentes mídias, impressa e digital.

Estamos diante de modos diversos de lidar com a leitura e com a escrita e, por extensão, com formas de apropriação e de ressignificação da linguagem, organizada em um espaço que se constitui por um sistema complexo de signos, símbolos, recursos multissemióticos, ou seja, diferentes aportes sígnicos e sensoriais constituidores dos ciberespaços. Nesses ciberespaços, realizamos leituras estabelecendo diálogos, vínculos com pessoas, instituições, documentos, textos diversos etc.

Com as novas tecnologias, mais recursos são associados ao texto: imagens, sons, gráficos, tabelas etc. São sistemas semióticos que objetivam chamar a atenção do interlocutor e facilitar a compreensão de seu conteúdo. Desse modo, são importantes para a construção de sentidos recursos como imagens, *layout*, gráficos, todos os elementos que compõem um texto para além do sistema de escrita. Trata-se da multimodalidade, conforme Kress e Van Leeuwen (1996, p. 183). Vale lembrar que a multimodalidade pode estar presente no texto que não tem imagens, pois o que a caracteriza é a forma de apresentação e suas implicações para a significação do conteúdo – por exemplo, o que implica a cor da fonte, o seu tamanho, os sublinhados, a formatação dos parágrafos, a presença de recursos outros que compõem a mensagem a ser comunicada e que estão além da escrita, para a significação.

Nos espaços virtuais, a multimodalidade é uma característica intrínseca. Neles, além dessa possibilidade na construção de sentidos, permitem-se desvios de escolhas interativas, saltos "hiperlinkados", convergências midiáticas, participação síncrona e assíncrona, usabilidade, mobilidade, ubiquidade, colaboração, criação etc. Enfim, há um multicentramento das interfaces e não o "estouro da bolha.com" (Jenkins, 2009, p. 33), ou, ainda, como afirmou Marcuschi (2001), trata-se de um novo olhar sobre o mesmo objeto, que implica novos modos de relação com os objetos de conhecimento que surgem com a evolução dos tempos.

> **Participação síncrona e assíncrona**
>
> Participação **síncrona** ocorre em tempo real. Os participantes interagem ao mesmo tempo, comunicam-se no ambiente virtual conjuntamente, desde que estejam conectados, por exemplo, à interface *chat*. A interface *fórum* ilustra uma participação **assíncrona**, pois não necessariamente todos os participantes estão conectados ao mesmo tempo e ela permite um registro que se poderá retomar num momento diferenciado em relação a outros acessos.

Para saber mais

Leitura para aprofundamento sobre o tema *multimodalidade*:
DALEY, E. Expandindo o conceito de letramento. **Trabalhos em linguística aplicada**, Campinas, v. 49, n. 2, dez. 2010. Disponível em: <http://www.scielo.br/scielo.php?script=sci_arttext&pid=S0103-18132010000200010&lng=en&nrm=iso>. Acesso em: 19 nov. 2014.

As mudanças relativas à escrita se referem desde ao uso de materiais e de instrumentos utilizados até a alteração na forma de distribuição e concepções de escrita/leitura. Como a concepção de escrita tem como fundamento a de leitura, é compreensível que toda alteração da escrita implique alterações de leitura. Observe, no Quadro 4.1, as fases da escrita ao longo dos tempos:

Quadro 4.1 – A escrita e sua evolução na história

Escrita em "rolo"	• Era necessário que o leitor ficasse em pé para desenrolar o rolo e o segurasse com ambas as mãos, enquanto lia as colunas escritas. O leitor era impossibilitado de fazer anotações; era difícil voltar a partes do texto e/ou avançá-las.
Códice/texto em papiro	• Com os recursos de paginação e a divisão em capítulos, o leitor teve mais liberdade para fazer anotações durante a leitura, avançar e voltar páginas. • Problemática: como era um texto manuscrito, o tipo de letra, o tamanho e os traços dificultavam a produção de sentido(s).
Impresso	• Homogeneização da escrita. • Possibilitou ao leitor um visão geral do livro. • Propiciou aumento na reprodução de livros, o que levou a um aumento do número de leitores.
Escrita eletrônica	• Hipertexto. • Contém traços que a aproximam do texto em rolo. O leitor não tem a visão do texto todo. • Utiliza a barra de rolagem, similar a um texto em rolo que precisa ser "desenrolado". A vantagem: o leitor tem a liberdade de movimento, não existente para o leitor do texto em papiro ou pergaminho. • Aproxima-se, também, da escrita em códice e em volume impresso.

Fonte: Adaptado de Elias, 2000.

Historicamente, validando os estudos apontados por Chartier (1998), Barthes (1984) expõe que a escrita real deu ao homem valores visuais lineares e uma consciência fragmentada, ao contrário da rede de convivência profunda dos espaços auditivos, na qual a comunicação podia ser multivariada. Ela fragmentou o espaço de convivência com os indivíduos posicionados em um tempo linear. Assim, a tipografia terminou de vez com a cultura tribal e multiplicou as características da cultura escrita no tempo e no espaço.

O homem passou a raciocinar de maneira linear, sequencial, alfabética, categorizando e classificando a informação. Tornou-se um ser especializado na produção de novos conhecimentos. Essa passagem da cultura tribal para a cultura escrita/tipográfica foi uma transformação para o indivíduo e para a sociedade como vem sendo a passagem da cultura escrita para a cultura eletrônica, conforme reforça Levy (1999).

Com a chegada da comunicação eletrônica, foram delimitados, novamente, o tempo e o espaço da informação. A importância do instrumental da tecnologia da informação forneceu a infraestrutura para modificações, sem retorno, nas relações da informação com seus usuários. Conforme aponta Barreto (1997), ao comparar o contexto da comunicação oral com a comunicação eletrônica, percebe-se a proximidade de muitas características, além da coincidência do tempo de transferência, que é imediato nas duas situações. Muitas vezes, a comunicação eletrônica, devido à especificidade contextual que pode englobar, e aliada às suas características conversacionais, assume uma intencionalidade tribal na publicidade dos fatos e ideias. É a proximidade com as características da oralidade, no que tange ao contexto em que está inserida, desvinculada das normas linguísticas, que faz a linguagem eletrônica, por vezes, assumir uma intencionalidade tribal, já extinta pela cultura tipográfica (Barthes, 1984).

É possível identificar na página da *web* a realização de mobilidades interativas e associações e o estabelecimento de cooperações e ligações com outros textos (*links*) que conduzem ao hipertexto, um comportamento na construção de sentidos que implica uma intencionalidade de conjunto. É importante considerar que o texto pode se hipertextualizar, ou seja, nele se realizam movimentos não lineares para construir relações de sentidos entre as sentenças e entre conteúdos que não estão explícitos em sua materialidade, bem como em conteúdos expressos além de seu contorno, por exemplo, as notas de fim ou de rodapé.

> ### Hipertexto
>
> Um conjunto de nós ligados por conexões. Os nós podem ser palavras, páginas, imagens, gráficos ou parte de gráficos, sequências sonoras, documentos complexos que podem ser eles mesmos hipertextos. Os itens de informação não são ligados linearmente, como uma corda com nós, mas cada um deles, ou a maioria, estende suas conexões em estrela, de modo reticular. O hipertexto sinaliza um novo estilo linguístico, um texto aberto, livre, solto, sem fronteiras definidas. Nesta ruptura com normas fundamentadas na história e na cultura de um povo e implícitas em seu linguajar formal ou coloquial, ele caracteriza-se por uma produção independente e extremamente liberal, mas que não exclui, nem pode excluir outros textos. É inegável que a gama de possibilidades de informações instantâneas acelera a motivação da multilinearidade nos nexos e redes em contraposição à linearidade do texto tradicional. (Linguagem da internet: do virtual para o não virtual – Sabrina Beffa Falcão, Jornalista, especialista em Gestão Empresarial (Ucam)).

Fonte: Adaptado de Levy, 1993, p. 33.

Embora reconheçamos o funcionamento não linear do texto, é visível sua aparência linear, imóvel – característica que o diferencia do hipertexto a que nos referimos no contexto digital, o que nos faz levar em conta a diferença conceitual entre texto e hipertexto. Assim, afirmar que o texto tem a natureza hipertextual não significa desconsiderar uma diferença entre os conceitos de texto e de hipertexto. Podemos dizer que o hipertexto difere do texto impresso em razão de algumas características, tais como: ruptura, conectividade entre blocos de significado e multicentramento.

Como o espaço que é próprio do hipertexto não aprisiona nem o texto nem o leitor, isso possibilita um deslocamento do modo como nós, leitores, lidamos com esse texto, que não é para ser lido do começo ao fim. A leitura é realizada em movimentos múltiplos, por isso as relações entre leitor e texto se alteram em relação ao texto impresso. O leitor do texto eletrônico pode submeter esse texto a múltiplas operações (copiá-lo, desmembrá-lo, recompô-lo, deslocá-lo) e, principalmente, tornar-se seu coautor. Essa possibilidade tornou-se uma armadilha para o ensino quando associada ao contexto de produção e plágio.

As operações múltiplas que o leitor realiza no contexto dinâmico, aberto e veloz em contato com o texto digital, permitem que ele se configure como um autor a partir do momento em que pode construir um texto novo com base em fragmentos e recortes de textos com os quais interagiu. Por isso, Chartier (1998) afirma que hoje, mais do que antes, a leitura é uma atividade indissociável do ato de escrita. Assim, todo leitor é um autor no sentido de que dele é exigido um caminho a seguir entre tantos possíveis, definindo a partir dessa escolha a constituição do texto, em se tratando não só do seu começo, meio e fim, mas também das informações que comporão cada uma dessas partes.

A leitura, seja em relação ao texto, seja em relação ao hipertexto, é sempre uma construção de sentidos, pois o leitor tem certa liberdade de escolher caminhos, enfatizar uma ou outra parte do texto, optar por algumas hipóteses de sentidos em detrimento de outras etc. – opções que são feitas de acordo com as preferências ideológicas ou pessoais.

Nessa relação próxima entre escrita e leitura no ambiente virtual, é importante que a escola considere o letramento digital como uma realidade educacional, pois a escrita é a base da internet, ainda que seja um novo formato de escrita, que tem uma relação mais próxima com a oralidade. É necessário considerar que as práticas comunicativas na internet, ressaltando as contribuições educativas da rede, seja leitura de *e-books*, seja a escrita de mensagens eletrônicas e as interações nas redes sociais, são assuntos que não podem passar à margem do ambiente escolar, pois fazem parte da nova realidade de ensino. Nesse sentido, é bom refletir sobre clichês, como "os alunos não escrevem" ou "os alunos não leem", pois nunca se escreveu tanto em *blogs*, redes sociais etc. e, certamente, a leitura acontece. Entretanto, ambas as práticas não correspondem ao que é esperado pela escola. Por essa razão, uma prática pedagógica conjunta, colaborativa e associada aos recursos midiáticos, sob uma perspectiva contextualizada da linguagem, terá resultados satisfatórios no ensino da leitura e da escrita.

> O poder de comunicação e processamento de informações da internet está sendo distribuído em todas as áreas da vida social. [...] À medida que se apropriaram de novas formas de comunicação, as pessoas construíram seus próprios sistemas de comunicação em massa, via SMS, blogs, vlogs, *podcasts*, *wikis* e coisas do gênero. O compartilhamento de arquivos e as redes *peer-to-peer* (p2p) tornam possível a circulação, mistura e reformatação de qualquer conteúdo digital. [...] Um exemplo é o YouTube, um *site* de compartilhamento de vídeos no qual usuários individuais, organizações, empresas e governo podem fazer *upload* do seu próprio conteúdo em vídeo.

Fonte: Castells, 1999, p. 12.

Ressalvamos que essas práticas não são excludentes: a mídia impressa e a eletrônica convivem adequando-se a diferentes ambientes, cada uma com a sua valoração em contextos diversos. Por mais que haja a evolução cultural e tecnológica e que entendamos o paradigma de uma sociedade cuja informação e cujo conhecimento, materializados pela cibercultura, são foco de atenção, nós reconhecemos, também, vazios que marcam uma infoexclusão. Isso pode ser justificado por razões econômicas, políticas, culturais e sociais, e esse contexto interfere na dimensão da organização das práticas comunicativas da sociedade, bem como na incorporação dos valores adquiridos por cada uma delas. Assim, podemos afirmar que a comunicação escrita tem um valor histórico cultural prestigiado em relação às práticas comunicativas digitais – prestígio condicionado aos contextos de uso.

Para Levy (1996), no espaço virtual, não é mais o leitor que vai se deslocar diante do texto, mas é o texto que, como um caleidoscópio, vai se dobrar e se desdobrar diferentemente diante de cada leitor. Tanto a escrita quanto a leitura modificarão o seu papel, porque o próprio leitor participará da mensagem na medida em que ele não estará apenas ligado a um aspecto. O leitor passa a participar da própria redação do texto, ao passo que não está mais na posição passiva, diante de um texto estático, pois tem diante de si não uma mensagem estática, mas um potencial de mensagem.

Dessa forma, o espaço cibernético introduz a ideia de que toda leitura é uma escrita em potencial. Conforme Marcuschi (2000), o espaço cibernético se torna um lugar essencial de comunicação humana e de pensamento humano; um espaço que, em termos culturais e políticos, permanece completamente em aberto, mas com implicações muito importantes no campo da educação e da linguagem. Por isso mesmo, analisa Marcuschi (2000), há hoje, na internet, muitos espaços específicos para a conversação escrita, para a escrita coletiva, para a publicação de textos individuais, cada qual com sua linguagem própria. Cabe à escola, portanto, entender como convergir os recursos midiáticos e suas interfaces.

4.5 Literatura e "sociedade de rede"

No decorrer do processo de evolução social, é natural ocorrerem mudanças contínuas, principalmente em termos de comunicação, processo que é de transformação permanente. Isso ocorre em relação às Tecnologias de Informação e Comunicação (TIC), abrindo caminhos para um sistema que abrange e integra todas as formas de expressão, diversidade de interesses, valores e imaginação, bem como o posicionamento no que se refere aos conflitos sociais, o que se reflete nos comportamentos sociais.

> No mundo contemporâneo, marcado pelo apelo informativo imediato, a reflexão sobre as linguagens e seus sistemas, que se mostram articulados por múltiplos códigos, e sobre os processos e procedimentos comunicativos é mais do que uma necessidade, é uma garantia de participação ativa na vida social, a cidadania desejada.

Fonte: Brasil, 2002, p. 6.

É importante, contudo, entender que não se tem, somente, a informação intermediada pelo computador, por exemplo, agindo sobre o sujeito de interação passivamente, mas um sujeito que também age nessa informação, estabelecendo, portanto, uma rede dinâmica, uma grande revolução em relação a outras revoluções tecnológicas do passado.

Dentro desse contexto de revolução da linguagem suscitada pela internet, podemos perceber como esses ambientes virtuais apresentam a capacidade de atrair leitores e/ou colaboradores. Acompanhemos o seguinte exemplo, um entre muitos escritos sob condições similares:

Erika (E. L. James) escrevia histórias em sua página no *site* de *fanfiction*, gênero digital em que fãs criam e recriam histórias a partir de filmes, livros e séries de TV. Ela escrevia contos inspirados nas aventuras dos personagens da saga *Crepúsculo* (obra da autora Stephenie Meyer), a qual narra o romance de Bella Swan e do vampiro Edward Cullen na cidade de Forks, estado de Washington, EUA. Como seus contos tinham leitores assíduos, isso promoveu o interesse de editoras. A partir desse movimento, o que era diversão virou trabalho e ganhou fôlego, ao ponto de sua obra se transformar em uma trilogia editada em vários países.

Qual a nossa reflexão com base nesse exemplo? O universo digital não bastou na divulgação desses contos, criando-se a existência de uma obra impressa e legitimando sua circulação em diferentes países, em outros espaços e em formato diferenciado do digital. Essa visão de uma história produzida no meio digital, de um gênero como *fanfiction*, motivado nas interações, poderia bastar naquele contexto, mas o que propaga a leitura como universo narrativo parece ser, ainda, um estado de material impresso. A versão *on-line* é uma opção para o contexto da modernidade, as facilidades e praticidades que esse contexto requer, transportando livros em um único suporte como *tablets* e *e-readers*, por exemplo, mas o livro como objeto de valor literário, histórico-cultural e de circulação em conceito autoral precisa ser impresso. Apesar dessa observação, é importante considerarmos que, atualmente, muitos são os exemplos de publicações no contexto da *web*. Tratam-se de livros, tanto acadêmicos quanto literários, que vêm ganhando cada vez mais espaço e *status* similar ao impresso, reconhecidos pelos centros especializados em registros. Assim, há, ainda, a duplicação de formas, ou seja, os livros impressos também disponibilizados em contextos eletrônicos. Essa situação nos mostra a imbricação das realidades eletrônica e impressa.

Não estamos valorizando em demasia esse tipo de leitura e nos esquecendo das formas clássicas. O que queremos é não ignorar o que acontece de fato. Nossos alunos passeiam com os livros "mais vendidos" e os trocam entre si, enquanto buscamos meios para fazê-los querer ler "aqueles" que nos são familiares ao contexto escolar e que têm histórias ricas e envolventes tanto quanto ou até mais que muitas obras sequenciadas do mundo moderno.

O que há de encantador nessas histórias midiáticas que não é visto por muitos de nossos jovens nos livros que insistimos (por que insistimos?) para que leiam? É uma resposta simples de ser explicada se olharmos pelo viés do atual, pelo qual podemos responder que o livro se adequa ao universo leitor, aos seus interesses. Mas a resposta pode ser complexa se pensarmos na influência do "outro", em uma perspectiva ideológica e de uma cultura *mass media*, respondendo que a sociedade reproduz comportamentos e não seria diferente no modismo em relação à leitura de uma obra que a mídia promove de algum modo.

O historiador Chartier (1998) discute a mistura das funções de editor, autor e leitor, que se apresentam em diversos espaços virtuais. Hoje, com as possibilidades abertas pela internet, qualquer um pode escrever um texto, editá-lo e disponibilizá-lo na rede, desde que disponha do equipamento apropriado e saiba manejá-lo – e isso é o que vem acontecendo com relação à criação de gêneros no ciberespaço. É a fase de hibridismo que revela uma cultura escrita e uma cultura eletrônica que têm rendido para a linguagem saltos muito produtivos e inovadores, embora haja espaços específicos de uso para cada uma dessas formas. Nesse sentido, o cruzamento, ou melhor, a convergência midiática do escrito com o eletrônico, como é o caso da produção de livros como os da saga *Harry Potter* (J. K. Rowling, 1997) ou os da trilogia *Cinquenta tons de cinza* (E. L. James, 2011), por exemplo, exemplificam essa inter-relação.

Com a revolução industrial da imprensa, os papéis do autor, editor, tipógrafo, distribuidor e livreiro estavam separados. Com as redes eletrônicas, essas operações podem ser acumuladas (Chartier, 1998), como no caso de *sites* de produções – como *blogs*, *e-books* –, nos quais essas várias dimensões do processo de produção, criação e circulação de sentidos produzidos pelas novas linguagens do século XXI estão concentrados em uma única pessoa: o seu criador, mas que se podem estender às parcerias que se estabelecem com a cultura do *merchandising*.

No espaço virtual, há diferentes instâncias comunicativas em que se caracteriza uma intencionalidade tribal, por meio das quais se oportuniza a interação, as leituras de homem e de mundo – um espaço definido por Levy (1994) como um terreno onde está funcionando a humanidade hoje, em que as "vozes" se encontram e, na mesma teia, enredam-se, convergindo narrativas em exposições.

Para saber mais

Sobre a essência e a função da literatura, leia:
ROSENFELD, A. **Estrutura e problemas da obra literária**. São Paulo: Perspectiva, 1976. p. 53-66.

Síntese

A literatura é uma prática de linguagem que tem um compromisso não apenas estético, mas também cultural e social em relação ao desenvolvimento dos sujeitos. Como toda prática de linguagem, sua natureza interativa permite aos indivíduos um acesso diferenciado ao conhecimento, por meio dos textos e das realidades distintas, e, ao mesmo tempo, um autoconhecimento, em razão do efeito transgressor e libertário característico da ficção. Para Osakabe e Frederico (2004, p. 49), a literatura oportuniza o "desenvolvimento de um comportamento mais crítico e menos preconceituoso diante do mundo".

Entretanto, para desenvolver uma abordagem de leitura da literatura sob esse encaminhamento, é preciso que a escola entenda que ensinar literatura não é ensinar história da literatura ou teoria literária. É necessário o desenvolvimento de projetos pedagógicos comprometidos com práticas em que o texto literário constitua espaço para a construção de diálogos, e não um objeto para o qual se estabelecem atividades rotineiras com fichas e resumos em datas pré-estabelecidas.

Para finalizar a sumarização das ideias deste capítulo, cumpre-nos destacar que é importante entender a leitura como a construção de sentidos para os fenômenos de linguagem, que se apresentam em mais de um modo de significação, isto é, são multimodais. E a riqueza dos modos de significação se amplia cada vez mais na **sociedade da informação**.

Atividades de autoavaliação

Para realizar as atividades 1 e 2, leia o seguinte texto:

Editorial: Universidade com aspas

O Ranking Universitário Folha (RUF), na terceira edição, deixa evidente que o sistema de ensino superior brasileiro prossegue esquizofrênico. Por aqui se chamam de universidades instituições com perfis e missões muito díspares.

Universidades existem para produzir conhecimento, e não só reproduzi-lo. Satisfazer tal premissa lhes permite casar pesquisa científica com ensino e, assim, formar pessoas capazes de aplicar o saber em soluções para desafios sociais.

Não é essa a realidade de quase duas centenas de universidades cadastradas no Ministério da Educação (MEC) quando foram coletados os dados do RUF. Das 192 que entraram na lista, 176 (92%) não chegaram a publicar um artigo científico por docente em dois anos.

O contraste com as universidades de elite é marcante. A Unicamp, por exemplo, teve 3,35 publicações por professor em 2010-2011.

Isso não quer dizer que 9 entre 10 universidades sejam inúteis. Nelas estão 7 milhões de pessoas que formarão a elite da mão de obra nas próximas décadas. O ideal seria que houvesse muito mais matrículas. Mas não se expande a educação de terceiro grau no ritmo necessário sem comprometer algo da qualidade – inclusive devido às deficiências no ensino médio.

Os centros de primeira linha, que dão tempo e condições para seus docentes fazerem pesquisas, terão sempre clientela restrita. As três irmãs paulistas (USP, Unicamp e Unesp), responsáveis por 40% das publicações científicas nacionais, reúnem menos de 10% do total de 1,76 milhão de matrículas de graduação no Estado.

O Brasil precisa, sim, de escolas superiores para qualificar a força de trabalho e melhorar a produtividade da economia. Essa é a vocação da maioria das instituições particulares e de tantas públicas, como as várias que têm sido inauguradas pelo governo federal.

Designá-las todas como universidades e delas exigir o cumprimento de quesitos burocráticos mais apropriados a centros de pesquisa (como manter um terço de professores pós-graduados) pode dificultar essa missão, por desviar o foco do ensino propriamente dito.

Além disso, confunde-se o público ao misturar verdadeiras universidades com as que só merecem o título com o acréscimo de aspas.

Nessa confusão apostam as instituições que se esforçam para cumprir apenas o mínimo das exigências do MEC a fim de manter a denominação prestigiosa. Sua motivação está no mercado, não na ciência, e é injusto listá-las na mesma categoria das que se distinguem pela excelência em pesquisa.

O RUF também enfrenta essa dificuldade. Por isso tem modificado sua metodologia, a partir de sugestões e críticas, para tornar essa ferramenta mais útil. Nenhum ranking tem um conjunto inquestionável de critérios – mas isso não desobriga seus responsáveis de aperfeiçoá-lo de maneira contínua.

Fonte: Editorial, 2014.

1. De acordo com o texto, na frase "O Ranking Universitário Folha (RUF), na terceira edição, deixa evidente que o sistema de ensino superior brasileiro prossegue esquizofrênico", o produtor do texto escolheu o referente *esquizofrênico* para avaliar o sistema universitário brasileiro.

As escolhas lexicais sugerem uma interpretação para o leitor e indicam um posicionamento argumentativo do produtor do texto. Nesse texto, a opção pelo referente *esquizofrênico* pode sugerir:

I) uma discordância de perfis entre os sistemas universitários, cujo contraste é marcante.

II) uma proposta de centros de ensino com missões discordantes, embora isso não queira dizer que 9 entre 10 universidades sejam inúteis.

III) uma mistura de verdadeiras universidades com as que só merecem o título com o acréscimo de aspas.

IV) uma discordância entre sistemas universitários, em que, para alguns, a motivação, em sua organização e proposta, está no mercado; e para outros, a motivação está na ciência.

Assinale a alternativa que contém a resposta correta:

a) Todas as proposições estão corretas.
b) As proposições I, III e IV estão corretas.
c) As proposições II e III estão corretas.
d) Somente a proposição III está correta.

2. Ainda sobre o texto referente à questão anterior, o título do editorial, *Universidade com aspas*, sugere-nos uma ressalva com o uso das aspas. Esse recurso linguístico pode ser empregado como:

I) marcador de polifonia, indicando a presença de discursos diferentes.

II) marcador de distanciamento de ponto de vista em relação aos discursos apresentados.

III) marcador discursivo que denuncia modos de ver de um locutor sobre um fato contado.

IV) marcador argumentativo, demonstrando um discurso de autoridade em relação a algum assunto tratado.

Sobre a questão proposta, podemos afirmar que:

a) Todas as proposições estão corretas.
b) As proposições I, III e IV estão corretas.
c) As proposições II e III estão corretas.
d) Somente a proposição III está correta.

3. Analise as alternativas e assinale V para verdadeiro e F para falso de acordo com as informações que julgue atender aos conhecimentos teóricos abordados neste capítulo:

( ) A pouca frequência de leitura entre os jovens pode ser decorrente da falta de estímulo leitor tanto no ambiente escolar quanto no familiar.

( ) Os textos literários são um dos meios de contato do leitor com a escrita normativa da língua. Eles permitem, assim, ampliar o vocabulário e o conhecimento de estruturas linguísticas mais complexas, o que ajuda o leitor na reflexão sobre o uso da língua e sobre como melhor empregá-la.

( ) A leitura, seja ela de material impresso, seja digitalizado, requer sempre do leitor o emprego de seus conhecimentos prévios. Isso é desempenhado de modo automático, pois quando tais conhecimentos são acionados, eles determinam um reconhecimento do objeto de leitura.

( ) Os textos literários refletem a cultura e a própria história social de um povo em uma determinada época.

( ) Os textos literários possibilitam ao leitor, além de uma leitura de fruição, na qual se efetiva o seu diálogo com o texto, uma leitura reflexiva, em que os múltiplos sentidos para um texto podem ser repensados.

Assinale a alternativa que corresponde à sequência correta:

a) F, F, V, F, V.
b) F, V, F, V, F.
c) V, V, V, V, V.
d) V, F, F, V, F.

4. Leia o texto a seguir:

> **Pega na mentira**
>
> Nem tudo é o que parece. Os casos do sorvete Diletto e do Suco do Bem, recentemente denunciados ao Conar por suspeita de propaganda enganosa, não nos deixam mentir. Mas mentira, infelizmente, é ingrediente frequente nas mesas cariocas. E não estamos falando apenas das historinhas contadas por produtores que dizem fazer sorvete com a receita do avô, comprar laranjas do sítio do seu fulano ou vender mel produzido por abelhas felizes (sim, tem gente que diz isso no rótulo). O problema é maior quando você, feliz e contente (como uma abelha!) num restaurante, pensa que está comendo uma coisa, mas, de fato, é outra. (...).

Fonte: Fróes; Monti, 2014.

Com o pressuposto de que a produção e a compreensão de textos se efetivam por meio de um ato comunicativo, analise o emprego dos parênteses em "(sim, tem gente que diz isso no rótulo)" e "(como uma abelha!)" e reflita sobre essa atuação interacional para a construção de sentidos do texto.

Sobre a presença dessa inserção parentética (uso de parênteses), pode-se afirmar que:

I) ela promove uma descontinuidade na leitura e na construção de sentidos.
II) ela funciona como explicação ou esclarecimento para o dizer no texto.

III) ela marca a participação do locutor ao expressar um comentário no texto.

IV) ela interrompe a relação sintática entre as ideias onde estão os parênteses.

Marque a alternativa correta:

a) As afirmativas I e II estão corretas.
b) As afirmativas I, II, III e IV estão corretas.
c) As afirmativas II e III estão corretas.
d) As afirmativas II e IV estão corretas.

5. Leia o texto observando as marcas que o caracterizam e, a seguir, realize a atividade proposta.

Bolo de milho verde

Ingredientes:

- 4 espigas de milho
- Meia xícara (chá) de óleo
- 1 lata de leite condensado
- 3 ovos
- 1 xícara e meia de chá de trigo
- 1 colher (sopa) de fermento em pó
- Manteiga para untar
- Farinha para polvilhar
- Açúcar de confeiteiro para decorar

Modo de preparo:

Retire os grãos de milho da espiga, fazendo cortes rente ao sabugo. Bata no liquidificador com meia xícara de chá de água. Depois passe por uma peneira. Recoloque o creme de milho no liquidificador. Junte o óleo, o leite condensado e os ovos e bata-os bem. Despeje essa mistura em uma tigela e acrescente a farinha, misturando bem. Por último, junte o fermento. Unte e enfarinhe uma fôrma com furo central e despeje a massa do bolo. Asse em forno médio alto (200 °C) previamente aquecido por cerca de 40 minutos. Retire do forno. Quando estiver morno, desenforme, polvilhe o açúcar de confeiteiro e sirva a seguir.

Os gêneros textuais se fundamentam por fatores relacionados à interação comunicativa, os quais estabelecem mecanismos formais para sua elaboração. Esses mecanismos integram as práticas discursivas que deram origem ao gênero. Observando essa relação da prática discursiva e a concretização do gênero no texto "Bolo de milho verde", podemos dizer que:

I) há duas figuras na enunciação – quem prescreve as instruções (enunciador) e para quem se prescrevem as instruções (enunciatário).

II) há uma organização discursiva construída sob a relação comando-execução.

III) há um conteúdo construído sobre uma relação que expressa algo pretendido por alguém sob mesma temporalidade discursiva.

IV) há um "antes" apresentado pela prescrição (comando) na receita, e um "depois" esperado (execução) em relação ao fazer da receita.

a) I, II e IV estão corretas.
b) I, II, III e IV estão corretas.
c) II e III estão corretas.
d) I, III e IV estão corretas.

Atividades de aprendizagem

Questões para reflexão

1. O texto a seguir apresenta algumas informações sobre um estudo que revela o comportamento do leitor brasileiro.

> Quando perguntados sobre os motivos para a leitura do último livro lido ou que estão lendo, 50% dos jovens entrevistados, todos com idade entre 14 e 17 anos, disseram ler por exigência da escola. Já 41% dos participantes afirmaram ler por interesse ou gosto.
>
> Com base nestes dados, podemos observar que a faixa etária que mais lê por prazer vai até os 17. Segundo a pesquisa, dos 11 aos 13 anos, 36% leem por interesse ou gosto e 56% para cumprir obrigações escolares.
>
> Quando perguntados sobre a iniciativa no hábito de ler, percebe-se que a maioria não lê espontaneamente. A leitura aparece fortemente motivada pelo cumprimento de dever escolar. E mais: entre 5 a 17 anos, em média, 64% dos estudantes declararam que não leram nenhum livro por iniciativa própria.
>
> A pesquisa aponta que o preço do livro e a localização das bibliotecas não são problemas, por isso fica difícil de compreender porque os jovens não se aproximam de livros. Ao mesmo tempo, mostra o estudo, os jovens têm acesso a cinema, aos games, jogos eletrônicos entre outros interesses.
>
> "Eles vivem a globalização da leitura com o advento de séries como Crepúsculo e Harry Potter", diz a análise do estudo.

Valor simbólico

A maioria dos brasileiros tem consciência da importância do livro. Segundo a pesquisa, 64% afirmaram que o livro significa fonte de conhecimento para a vida. Apesar de afirmarem não ler.

[...]

Do universo de jovens entrevistados para a pesquisa, ao serem questionados sobre o que gostam de fazer em seu tempo livre, 85% respondeu que assiste televisão. Escutar música (52%) aparece em segundo lugar, seguido por 'descansar' (41%). Já 44% dos jovens se reúne com amigos e familiares, enquanto 38% assiste vídeos e 34% sai com os amigos. Apenas 28% deles responderam que gostam de ler. Ainda nesta lista aparece navegar na internet, praticar esporte, fazer compras, passear em parques e praças, jogar video games, desenhar e pintar, entre outras atividades.

Fonte: Vamos..., 2014.

Com base na leitura do texto, apresente um quadro-resumo com os dados nele expressos. Analise o conteúdo do texto com o auxílio dos dados organizados e reflita sobre o questionamento a seguir: "O que se pode pensar sobre a afirmação de que 'o brasileiro não lê'?" Escreva um texto expondo sua opinião.

2. A leitura compreende identificação, construção e reconstrução de sentidos. Com base nesse pressuposto, leia o texto a seguir:

Garagem

Acordar é uma pequena tragédia. Seja cutucado pela luz, seja estapeado pelo despertador, sempre abro os olhos com um profundo sentimento de injustiça: por que já?! Por que eu?! Tende piedade, Senhor, dai-me mais cinco minutinhos – e abençoai, se tiverdes tempo, o inventor da "função soneca".

Quando eu era adolescente, pensava que o problema fosse a escola. Afinal, quem quer sair da cama às 6h da madrugada pra estudar adjuntos adnominais e alcalino-terrosos? (Melhor ficar adjunto do travesseiro, como que embalado por alcaloides-celestiais.)

Anos mais tarde, já livre da gramática e da tabela periódica, passei a acreditar que o sofrimento viesse dos freelas chatos a que eu tinha que me dedicar logo depois do café: a matéria "10 programas nota 10 neste Dia da Criança", pra revista "Kids"; um capítulo sobre sustentabilidade na produção de celulose pro livro comemorativo de 20 anos de uma fábrica de guardanapos; a revisão dos textos publicitários a serem estampados sobre a imagem de crianças loiras correndo num parque, no fundo de uma caixa de cereais – "Funflakes é pura diversão!".

Agora, virando de um lado pro outro na cama, dividido entre a preguiça e a culpa, tento amaldiçoar alguma tarefa enfadonha que supostamente me aguarda na primeira esquina depois da escova de dentes, mas não encontro nada horroroso por lá. Hoje é quinta, dia de começar a crônica. Gosto de escrever a crônica.

Da sala, vêm os gritinhos da minha filha. Tenho saúde, amor, amigos, uma churrasqueira e, além de tudo, faz sol lá fora, esse sol da primavera que não está aí para solapar ninguém, mas para deixar o céu mais azul e a grama mais verde, como no parque em que corriam as crianças loiras, na caixa de "Funflakes". Acordar, no entanto, não é "pura diversão!". Acordar continua sendo uma pequena tragédia.

Sei que reclamo de barriga cheia. 99% das pessoas despertam pra vidas bem piores do que a minha. Passam os dias a apertar parafusos, cruzam montanhas atrás de água, fogem de balas e leões. Um terremoto na Conchinchina, contudo, não nos impede de reclamar da nossa dor de dente. Acordar é a minha dor de dente.

Olha, eu não faço o tipo blasé, que se arrasta por aí com a cabeça baixa e um olhar superior, como se a inteligência levasse inevitavelmente ao niilismo e o comentário mais sagaz sobre a existência fosse o bocejo. Desconfio desses tipos, aliás: acho que o que move essas casmurrices é muito menos um arraigado desencanto do que um apurado senso estético. "um homem com uma dor", escreveu Leminski, "é muito mais elegante/ caminha assim de lado/ como se chegando atrasado/ andasse mais adiante". Não, não faço esse tipo. Uma vez acordado e de banho tomado, existir me parece um programa bem razoável. O meu problema não é no carburador, é no motor de arranque.

Fonte: Prata, 2014.

Agora, reflita sobre o conteúdo do texto e apresente uma leitura para a seguinte ideia: "O meu problema não é no carburador, é no motor de arranque". Escreva seu texto-resposta, sustentando seus argumentos com elementos do texto.

Atividades aplicadas: prática

O texto a seguir aborda o papel do leitor na compreensão de textos. Considere fundamentos teóricos lidos neste livro que se relacionem com as ideias do texto em destaque. Estabeleça um paralelo entre essas ideias. A partir dessa inter-relação, apresente características para um leitor competente no processo de compreensão.

O leitor na compreensão do texto

Para compreender um texto, o leitor faz uso não só das unidades da língua e de seus níveis, mas também de outras informações – sejam textuais, sejam contextuais, sejam cognitivas –, pois, na sua relação com o texto, ele precisa ter o domínio de recursos e habilidades que o encaminhem para a compreensão de informações contidas nas frases. Com isso, o leitor poderá relacioná-las de modo a fazer sentido em seu todo e entre elas, para então estabelecer relações considerando o todo do texto – e, com isso, alcançar a sua coerência ou a sua compreensão global. É necessário, ainda, formular hipóteses, construir inferências e fazer remissões a conhecimentos armazenados em sua mente, associando-as ao texto. Essas ações do leitor são simultâneas e devem adaptar-se tanto ao texto como ao contexto situacional.

Capítulo 5

Este capítulo aborda o tema da leitura e apresenta reflexões sobre sua aplicação e seu ensino. Nas argumentações que fazemos aqui, trataremos da leitura em dois aspectos: na perspectiva do sentido, que se refere ao "deciframento" operado durante a leitura, e da significação, no que se refere ao modo como cada leitor reage pessoalmente a essa compreensão de sentidos.

No entanto, também questionaremos, em uma perspectiva "meta", ou seja, no desdobramento sobre o conceito, o que significa *deciframento* e *compreensão de sentido* em relação à leitura e ao ensino da leitura.

Leitura: processo e aprendizagem

Abordaremos a leitura em sua perspectiva literária – o leitor diante de um texto que se abre a uma pluralidade de interpretações – mas, ao mesmo tempo, com uma proposta de diálogo preestabelecida, com base em sua lógica simbólica.

Ao final da leitura deste capítulo, você poderá:
- ~ diferenciar uma concepção atual para os processos de leitura;
- ~ identificar tipos de leitores e tipos de leitura;
- ~ selecionar textos;
- ~ compreender textos de diferentes gêneros e tipologias.

Os estudos sobre leitura envolvem muitas áreas de conhecimento, o que os torna abrangentes. No entanto, há perspectivas e enfoques comuns que se podem delinear, o que faremos neste capítulo. Partiremos para nossas discussões focalizando a leitura sob o ponto de vista da compreensão leitora, pois nosso propósito é a reflexão sobre a construção de sentidos.

Verificar o processo de apresentação e reapresentação de uma realidade por meio da linguagem e refletir sobre a importância dos estudos socioculturais para a leitura crítica dos textos que produzimos nas diversas interações também fazem parte da nossa proposta neste livro, o que justifica o enfoque da leitura sob o ponto de vista da compreensão, e não da aquisição. Como vimos, a leitura literária destaca-se como uma prática que empreende uma formação de leitor de modo estético e sociocultural, exigindo-lhe, muitas vezes, maior estabelecimento de inferências para a construção de sentidos na leitura, dada a rede de implícitos comuns à linguagem literária.

Em uma abordagem inicial, a leitura consistia em observar como se processava o material gráfico verbal à medida que o leitor identificava, no texto, da sílaba à palavra, da palavra ao grupo de palavras etc. E por muito tempo a ideia de compreensão leitora ficou associada à "extração de informação impressa" e os testes de avaliação da compreensão leitora resumiam-se à depreensão do conteúdo de orações isoladas, sem necessariamente haver relação umas com as outras. Os estudos seguiram modificando o enfoque da materialidade linguística para o papel do leitor durante o processo de compreensão da língua escrita, observando o funcionamento cognitivo.

Com o que se produziu na linguística textual no final dos anos 1970 e início dos anos 1980, os estudos de leitura no Brasil começaram a apresentar um referencial sobre a textualidade, observando os mecanismos que podiam importar na legibilidade do texto e, por sua vez, constituírem elementos a serem observados na compreensão leitora. Com o avanço dos estudos nessa área, os fatores de textualidade integraram também aspectos como o contexto ou a situação comunicativa, a tipologia textual, a intertextualidade etc., os quais podem explicar a compreensão ou a incompreensão dos sujeitos no que se refere aos fatos de linguagem.

A concepção predominante hoje é a leitura como prática social, atrelada aos diferentes contextos de interação com a linguagem que são determinados por diferentes fatores de socialização: a história dos indivíduos; as características do contexto espacial a que pertencem; o grau de formalidade ou de informalidade nas interações; os objetos de leitura que se diferenciam nas interlocuções e conforme os interlocutores. Esses fatores evidenciam que os modos de ler se relacionam aos contextos de ação dos leitores, às diversas funções que a leitura assume nos mais variados contextos de uso, adequando-se à construção dos saberes de dada comunidade. É uma concepção de leitura interligada à concepção de multiletramentos que, segundo Rojo e Moura (2012, p. 8), significa relacionar a leitura a uma prática que

> *pode ou não envolver (normalmente envolverá) o uso de novas tecnologias da comunicação e de informação ("novos letramentos"), mas caracteriza-se como um trabalho que parte das culturas de referência do alunado (popular, local, de massa) e de gêneros, mídias e linguagens por eles conhecidos, para buscar um enfoque crítico, pluralista, ético e democrático – que envolva agência – de textos/discursos que ampliem o repertório cultural, na direção de outros letramentos.*

> A **análise estratégica** depende não somente das características textuais, mas também das características do usuário da língua, tais como seus objetivos ou conhecimento de mundo. Isso pode significar que o leitor de um texto tentará reconstruir não somente o significado intencionado do texto – como sinalizado de diversas formas pelo autor, no texto e contexto – como também um significado que diga mais respeito aos seus interesses e objetivos.

Fonte: Van Dijk, 2000, p. 23.

Uma abordagem em relação à leitura deve envolver reflexões sobre o **seu processamento**, o papel do **leitor** e as **estratégias que levam ao domínio do processo da leitura**. Assim, neste livro, consideramos a leitura sob tais perspectivas, concebendo-a como atividade cognitiva por excelência, a qual envolve não somente sua natureza cognitiva, mas também os aspectos linguísticos e socioculturais. É uma atividade que compreende identificação, construção e reconstrução de sentidos sob um olhar do sujeito-leitor sobre referentes no mundo.

Como atividade cognitiva complexa, a leitura é processada na nossa mente de modo ativo e interativo, ou seja, nós agimos cognitivamente na atribuição de sentidos, utilizamos mecanismos cognitivos e o fazemos sempre em relação a algo ou a alguém em contextos diversos. De modo interativo, por meio de mecanismos de percepção, processamento, memória, inferência e dedução, promovemos o ato de ler.

5.1 O papel da visão no ato de ler

Os estudos neurocientíficos permitiram o reconhecimento de operações mentais que envolvem o ato de ler. Exames como a ressonância magnética tornaram possível a visualização de regiões cerebrais que são ativadas quando deciframos palavras e a identificação de áreas do cérebro que se envolvem no reconhecimento de palavras, desde a sequência das letras até a elaboração de pronúncia e significação.

Exames dessa natureza permitiram o acesso à compreensão do processo leitor. No entanto, apesar dos avanços nas pesquisas sobre o processamento leitor, há muitas questões a serem respondidas, por exemplo: Como identificar os problemas de mecanismos neuronais quando se observa o modo como as palavras são identificadas e suas implicações para a compreensão leitora?

Entre os enfoques de estudo da psicologia cognitiva, destacamos, em relação à leitura, o estudo do mecanismo de extração da informação visual, no qual é possível observar o funcionamento do olhar do leitor e as fases da informação capturada: a sequenciação de uma palavra estendendo-se à sua sonoridade, por exemplo, não se interessando pelos mecanismos cerebrais que envolvem tal processo. Sob essa perspectiva, o papel da visão é analisado de modo mecânico, em que parece interessar a relação olho–retina em movimentos debruçados sobre uma mancha no papel. A investigação objetiva compreender os procedimentos que são aplicados pelo leitor no reconhecimento das palavras para a significação.

Mas como nossos olhos enxergam as palavras e como se estabelece a relação visão – significação? O olho e sua retina são os responsáveis pela leitura no texto escrito. Há um direcionamento da retina em movimentos discretos e de modo focalizado. Isso porque nosso olho não é homogêneo e, na sua estrutura, apenas a fóvea, que é a região central da retina, é rica em células fotorreceptoras, as quais apresentam alta resolução, chamadas *cones*, responsáveis pela captação e pelo reconhecimento das letras. A fóvea é, pois, a zona da retina responsável pela leitura.

> Medindo cerca de 25 milímetros de diâmetro, o globo ocular é o órgão responsável pela visão de tudo ao nosso redor. Ele capta a luz refletida pelos objetos à nossa volta, essa luz atinge a córnea, passa pela pupila, convergindo em um ponto focal sobre a retina, onde células fotossensíveis transformam a luz em impulsos eletroquímicos para serem enviados ao cérebro pelo nervo óptico. E é no cérebro que esses impulsos são recebidos e processados pelo córtex visual, completando, assim, a visão recebida pelos olhos direito e esquerdo.

Figura 5.1 – Elementos envolvidos no processo de leitura

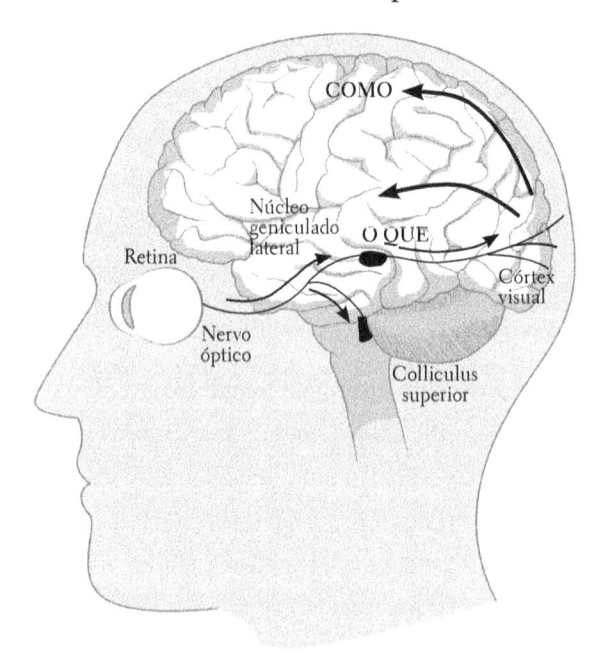

Fonte: S139, 2014.

Somente a fóvea é o captor capaz de discriminar a informação visual e, em virtude de sua dimensão estreita, movemos o olhar incessantemente no curso de uma leitura: debruçamos nosso olhar (não linearmente sobre o texto, mas em saltos) no papel e focalizamos a informação visual. Ao captar a informação ("o quê"), fixamos o olhar, identificamos e reconhecemos ("como") e, progressivamente, deslocamos o olhar, realizando, assim, a leitura. Dehaene (2012, p. 28) corrobora:

> A *organização de nossa retina impõe uma filtragem severa aos textos que lemos. [...] [à medida que há distanciamento da percepção do centro da retina, chamado fóvea, há uma imprecisão em relação ao que está sendo visto]. Seja qual for o tamanho dos caracteres, somente as letras mais próximas do centro são legíveis. É por essa razão que devemos deslocar sem cessar nosso olhar, no curso da leitura, em pequenos movimentos de sacada. Cada vez que nosso olhar pousa, não conseguimos identificar senão uma ou duas palavras.*

Figura 5.2 – Reconhecimento leitor

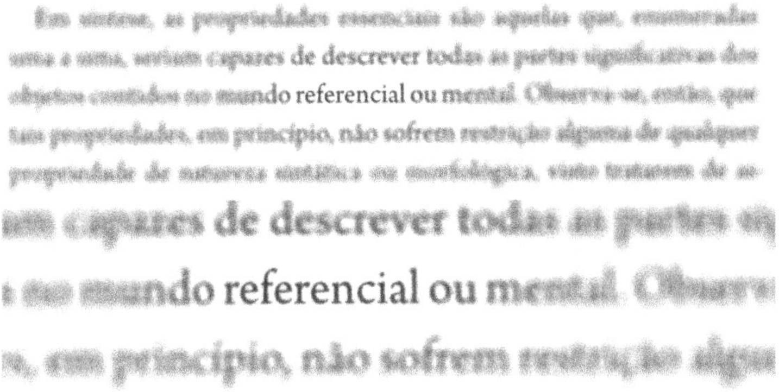

Fonte: Senna, 2012.

Não basta a decodificação para o processo de construção de sentidos, mas, nessas argumentações iniciais, abordamos a leitura de identificação e reconhecimento de caracteres, a qual passa pela via fonológica, entendida como aquela leitura que decodifica os grafemas, deduzindo uma pronúncia possível e associando-lhes significação. Essa decodificação é o primeiro passo para o aprendizado da leitura do texto escrito. Um problema nesse processo dificultará o aprendizado da leitura, por exemplo, os casos de dislexia.

5.2 Compreensão textual: processamento de conteúdos e significação

Construímos conhecimento numa interação contínua no social com nossos interlocutores, por meio de uma prática cotidiana com a linguagem, o que significa estar no mundo realizando ações e processando informações compartilhadas de acordo com estereótipos culturais e nossas experiências. Nesse contexto, fazemos leituras de uma realidade, as quais são expressas por meio da linguagem – desse modo, a linguagem é construída como fruto da nossa experiência no mundo, sendo, pois, uma necessidade que temos para nesse mundo nos fazermos significar, ao mesmo tempo que o significamos e nos constituímos.

Há um relacionamento complexo entre linguagem e mundo expresso nessa atividade de referenciação. Nela **se constrói** uma relação, e não **se expressa** uma relação entre o mundo real e o discursivo, porque a atividade referencial depende de nós, conforme os contextos em que agimos com a linguagem e o modo como agimos com outro sujeito de linguagem, sendo, portanto, uma prática social e interativa, em que os conhecimentos sobre o mundo são construídos nas operações cognitivas, socialmente situadas, ao longo da atuação discursiva. Vejamos um exemplo na Figura 5.3.

Figura 5.3 – Construção da referência

[Quadrinho 1] A TERAPIA DEPENDE DE SUA ENTREGA, JOANA!
[Quadrinho 2] É PRECISO PARAR DE BLOQUEAR SEUS SENTIMENTOS PROFUNDOS!
[Quadrinho 3] DEIXE-OS ECLODIR! LIBERTE ESSA BOLHA!
[Quadrinho 4] NÃO VAI ROLAR... JÁ TOMEI DOIS ANTIGASES HOJE!

Fonte: Gomes, 2013

De acordo com nosso conhecimento de mundo, percebemos que se trata de um diálogo no consultório de um terapeuta, o que se confirma com o referente *terapia* apresentado no primeiro quadrinho. Na sequência do diálogo, o terapeuta orienta a paciente "Joana" a não "bloquear os sentimentos profundos" e libertar "essa bolha". Chegamos, aqui, ao que nos importa para comentário: a expressão *essa bolha*.

Ao utilizar o referente *essa*, o enunciador indicia uma cumplicidade com seu interlocutor, a qual pode se ancorar: no próprio interlocutor (Joana), se (1) pensarmos em uma continuidade do contato como paciente de terapia; (2) na expressividade (o semblante, por exemplo) percebida no momento de interação; e, ainda, (3) na perspectiva do enunciador (terapeuta), que, em razão do contexto profissional, tem por uma das funções ouvir e ajudar os pacientes, supondo o alívio para quem se sente tal como bolhas prontas a explodir. O pronome *essa*, no conjunto linguístico, pontua uma mediação entre o contexto e um real que se constrói discursivamente.

O demonstrativo aponta para algo no contexto discursivo, embora haja outros referentes em que a cumplicidade buscada pelo enunciador possa ser marcada. Por exemplo: o referente *profundos* pode associar-se implicitamente, considerando o conhecimento de mundo, a sentimentos da "alma". Porém, é o referente *essa* que fica mais visível, para um leitor que se apoia nas pistas do texto, como marca que aponta para o que é comum a ambos no contexto de interação e que, portanto, evidencia o que é compartilhado entre os participantes dessa enunciação.

Nessa situação comunicativa, o referente *bolha* foi usado pelo terapeuta referindo-se aos "sentimentos profundos" de Joana. Esse elemento linguístico foi ativado no segundo quadrinho e retomado no terceiro. É uma percepção leitora confirmada na superfície textual: "Deixe-**os** (eles, os sentimentos profundos) eclodir". O terapeuta pressupõe que Joana lhe apresente ideias/sentimentos e que se tratem de uma "bolha", **no sentido metafórico**. No entanto, em sua resposta, Joana rompe com o entendimento proposto ao enunciar: "Não vai rolar... Já tomei dois antigases hoje!"

Na escolha do referente *antigases*, temos um gatilho semântico com o qual podemos relacionar os referentes *bolha* e *antigases* e, do mesmo modo, associar *bolha* a *sentimentos profundos*. Nessa última associação, o sentido esperado se distancia. Isso acontece porque, apesar de se tratar de um processo comunicativo partilhado, o item linguístico *bolha* tem duplo escopo referencial, ou seja, a ele podem se associar conteúdos que tenham por base ideias como "estar cheia de gases" ou "estar cheia de problemas". Constituem-se associações de conteúdo porque construir significação é um processo que se realiza em colaboração com as circunstâncias que cada sujeito apresenta durante o momento da interação, considerando sua realidade cognitiva, as intenções nos dizeres e as experiências de mundo.

Os signos linguísticos não são entendidos como transparentes. Embora eles se disponham em dicionários, não estão sob significações limitadas nem listagens definitivas. Os signos têm uma identidade em permanente construção e diálogo com uma realidade mais cognitiva do que ontológica, pois sua natureza é essencialmente linguística. Isso nos leva a associar um caráter semideterminado à língua, que tem o seu material linguístico e conta com uma construção que envolve o processo de contextualização das ações com a linguagem, as quais são sócio-historica e culturalmente situadas.

A construção da realidade por meio da linguagem apresenta-se, para cada um dos sujeitos, de acordo com as formas de ver, de sentir, de agir e de interagir no mundo, que é construído na e pela linguagem. Construímos um mundo com a linguagem e atribuímos significações levando em conta não apenas o contexto cognitivo e o linguístico, mas o entorno físico, social, cultural e interativo.

Com esse exemplo fica a lição de que, embora a interação seja fundamental para que a construção de sentidos se realize, de modo que um propósito de dizer seja compreendido pelo interlocutor, ela não dá garantias ao produtor de que um sentido pretendido foi "captado" pelo leitor, conforme sua previsão inicial, porque a significação é construída tanto por quem fala ou escreve quanto por quem interage com a produção, sendo leitor ou ouvinte.

> E mais: o significado não está nas palavras, ele é construído nas interações. No processo de interlocução, as palavras se renovam, seus sentidos são mutáveis e renováveis, dependendo das ações dos sujeitos e o modo como se relacionam com e sobre a linguagem. É o que Bakhtin (1997) denomina de *ressignificação* – capacidade da língua de ser um sistema dialógico, o qual continuamente se recria a partir das atualizações de sentido sugeridas pelo contexto social no qual os interlocutores se inserem.

Assim, ao refletirmos sobre a construção da realidade por meio da linguagem, estamos pensando sobre os processos de referenciação – a (re)criação do mundo pelo discurso –, e nisso buscamos uma definição sobre as atividades desenvolvidas nesse processo, e não a descrição delas. Esse processo se constitui numa importante estratégia cognitivo-discursiva, base de progressão das ideias e, por extensão, da construção de sentidos.

5.3 Leitura: abordagens e tipos de leitores

Como abordamos nos capítulos iniciais deste livro, estar no mundo implica significar: ser alguém *para* e *com*, estar em ação com alguém ou algo, interagir com alguém em um contexto particular, no mundo desse alguém ou de outros, entendendo o mundo como restrito ao que podemos ter ao alcance dos olhos – e, portanto, da leitura e da significação –, pressupondo um mundo empírico e um mundo que passa a ter existência, ou seja, sentido, porque o construímos por meio da linguagem.

Nesse processo de significar, está implícita a leitura que construímos de tudo e de todos. Ao mesmo tempo, está uma leitura com tudo e com todos, isto é, somos dotados de um olhar que nos permite significar, o qual pode ser entendido como resultado de processos leitores, por meio dos quais observamos, identificamos, selecionamos e partilhamos. Quando passamos a partilhar esse olhar com o outro, seguem novos processos de identificação – o que significa, para quem observa, apontar o que se observa e como essa observação ocorre em relação à significação construída pelo outro –, permitindo a construção de experiências coletivas para que se possam inferir sentidos mais amplos *no* e *do* mundo.

Essas ideias nos levam a uma distinção entre *significação* e *sentido* (Frege, 1978), a qual, de um ponto de vista geral, permite-nos entender que o *significar*, aqui, refere-se a identificar referências e combiná-las de modo que façam sentido, ou seja, de maneira que possamos associar o que vemos/lemos ao que já temos em mente ou ao que projetamos em outros momentos, lugares e situações de interação. O sentido diz respeito ao que identificamos em termos de conteúdo em um texto – "o que o texto expressa" –, e a significação como condição em que se encontra o conteúdo identificado no texto, variável em relação a contextos e modos de avaliação do leitor – "O valor do texto no contexto de uso e em relação aos leitores". Assim, *significar* e *fazer sentido*, embora sejam sinônimos, apresentam tênues diferenças, porque uma ação é complementar à outra, mas não idêntica. Não podemos construir sentidos sem antes identificar e reportar-nos ao que é objeto de observação e de identificação.

Desse modo, nossa atuação no mundo se marca por um processo constante de referenciar, selecionar e ampliar a identificação, o que implica leituras: leitura de um mundo, leitura de si, leitura do outro, leitura de um mundo construído para além da leitura de si nesse mundo, bem como da leitura do outro no mundo e com o mundo, expressando sempre valores referenciais.

A leitura é um processo multidimensional que envolve, simultaneamente, ações de natureza cognitiva, linguística, social e cultural. Isso significa que a construção de sentidos para um texto é um processo complexo que conta com diferentes aspectos – entre eles uma reconstrução pessoal dos significados construídos no processo de leitura.

A compreensão de um texto implica, pois, depreender sentidos explícito e implícito, o que significa não só entender um "significado", mas também transcendê-lo, e requer uma intervenção de outras dimensões – a realização de inferências, a avaliação pessoal, os modos de ver etc.

Vejamos um exemplo sobre "modos de ver" em uma situação exemplificada na narrativa do livro *O pequeno príncipe*, de Antoine de Saint-Exupéxy (2000, p. 9-11): quando tinha seis anos, o pequeno príncipe desenhou uma imagem de um livro sobre a Floresta Virgem, chamado "Histórias Vividas".

> *Representava ela [a imagem] uma jiboia que engolia uma fera. Eis a cópia do desenho. [...] Mostrei minha obra-prima às pessoas grandes*

e perguntei se o meu desenho lhes fazia medo. Responderam-me: Por que é que um chapéu faria medo? Meu desenho não representava um chapéu.

Intrigado com as respostas equivocadas dos adultos sobre seu desenho, o pequeno príncipe acrescentou mais detalhes ao desenho, considerando o enredo da história. Dizia o livro:

"As jiboias engolem, sem mastigar, a presa inteira […]." […] Desenhei então o interior da jiboia.

E o seu desenho, assim, passou a representar uma jiboia digerindo um elefante. Nesse exemplo é possível perceber como a **(re)apresentação** interfere diretamente na **atividade referencial**, a qual expressa o relacionamento estabelecido pelo sujeito na construção entre mundo e linguagem e no modo como se configura o que lhe é apresentado, conforme seu olhar sobre o objeto, construído de acordo com uma dinâmica cognitiva particular do observador, em conjunto com as práticas sociais. Nesse sentido, reiteramos, referenciar não significa representar simplesmente, mas construir uma relação com a realidade e não apenas expressar essa relação.

Cada olhar apresentado sobre o desenho construiu uma relação e não expressou a relação já construída pelo interlocutor, que esperava a identificação de uma representação da leitura sobre a aventura na selva. Cada leitor do desenho apresentou um olhar sobre a realidade vista, mostrando que falar sobre um mundo mostrado a cada um de nós não significa representá-lo simplesmente, mas implica processos inferenciais, em uma relação associativa, considerando o que se identifica em conexão com os conhecimentos que se podem correlacionar para uma realidade compreensível, a qual não é estável e se sujeita a negociações de sentido em situações de uso e de interação, requerendo o estabelecimento de âncoras de sentido comum aos interlocutores para que a comunicação esperada se estabeleça.

Essa negociação de sentidos se constitui em contextos diferenciados, mantendo-se um acordo entre quem produz e quem constrói significação. O leitor, a partir de pistas sinalizadoras de sentido(s), toma decisões levando em conta a ação comunicativa, seu conhecimento de mundo e o conhecimento partilhado. No exemplo mencionado, a ação comunicativa dirige-se a "pessoas grandes" que variaram o olhar segundo suas experiências, a bagagem sociocultural e um modo de ler: "Quando encontrava uma que me parecia um pouco lúcida, fazia com ela a experiência do meu desenho número 1 [sem o elefante dentro], que sempre conservei comigo". A escolha de interlocutor não garantiu ao produtor do desenho (nem garante a produtor de texto algum) a leitura esperada, pois para uma leitura adequada do texto, ou seja, mais próxima do projeto comunicativo do autor, segundo suas pistas textuais ou marcas, há de se considerar o conhecimento do leitor sobre uma série de acontecimentos que esse produtor tem como compartilhados e, no caso do exemplo, para o produtor faltava muito aos leitores de seus desenhos.

Para saber mais

SAINT-EXUPERY, A. de. **O Pequeno Príncipe**. São Paulo: Agir, 2000.

5.4 Enfoques sobre o processo de leitura: análise, composição e interação

Uma concepção tradicional de leitura a associa à atividade de decodificação, em que ler significa decifrar letras e números. No entanto, como o processo de leitura envolve múltiplos aspectos – cognitivos, linguísticos e sociais –, isso nos faz entender que, para o processamento leitor, é necessário o entrelace de fatores cognitivos (como percepção, atenção, memória), linguísticos e sociais, os quais atuam conjuntamente para que o leitor atribua sentidos a um texto. Assim, a leitura envolve não apenas os aspectos linguísticos do texto, mas também contempla aspectos extralinguísticos, a serem depreendidos pelo leitor de acordo com seus conhecimentos. Por meio dessa relação com o texto, o leitor expressa uma interação para uma (re)construção de seu conteúdo.

> Enfatizamos que a leitura é um processo que envolve memória e reflexão: por meio de elementos textuais, o leitor processa informações, relaciona-as, descarta-as e as apresenta de acordo com sua experiência leitora, podendo refletir sobre a realidade construída no texto e criticá-la, estabelecendo juízos de valor. Em todos esses passos, a leitura envolve a atribuição de sentidos que se constroem levando-se em conta fatores ideológicos, sociais e históricos, ou seja, os diferentes contextos em que texto e leitor se encontram inseridos.

Com base nas ideias expostas, podemos destacar concepções de leitura: uma que compreende leitura como processo de decodificação e outra que expande esse processo de decodificação, associando-o à participação do leitor. A leitura como decodificação se refere ao processamento de letra por letra, palavra por palavra (processo analiticossintético), em que a identificação de cada unidade implica o sentido para o leitor. É uma visão de leitura que tem como foco o texto, sobre o qual o leitor atuaria passivamente, reconhecendo palavras de modo linear e serial.

É certo que ler um texto não é só decodificá-lo, pois o significado não está preso à palavra nem preso ao texto: ele é construído na interação entre autor, texto e leitor. No entanto, o processo de decodificação é importante para a leitura, visto que não podemos ignorar que, para ler um texto, é necessário identificar o código linguístico. Então, uma conceituação adequada de leitura deverá ser dialética, no sentido de considerar aspectos de natureza discricional no que diz respeito à estrutura linguística, e de natureza pragmática e semântica, que envolve aspectos discursivos e socioculturais, as relações com os níveis de conhecimento dos leitores, os intertextos e os diferentes contextos inerentes à construção de sentidos.

> Concepções de leitura
>
> 1. **Leitura como decodificação** de elementos textuais, construída no estabelecimento do estímulo gráfico e sua significação, compreendendo aspectos físicos e perceptuais.
> 2. **Leitura como processo interativo e dinâmico**, cuja natureza envolve fatores cognitivos (emocionais, intelectuais), linguísticos (processamento informacional no texto) e sociais (capacidade de inter-relacionar conteúdos do texto com o social e com uma realidade vivida).

Essa visão plural e integradora em relação ao processamento da compreensão da leitura – identificação de uma materialidade linguística, estabelecimento de relações de sentido que envolvem aspectos de natureza pragmática, contextual, sociocultural – pode ser ampliada quando associada à perspectiva dialógica de Bakhtin (2000, p. 318) de que, "[em] todo enunciado, contanto que o examinemos com apuro, levando em conta as condições concretas da comunicação verbal, [descobrimos] as palavras do outro, ocultas ou semiocultas, e com graus diferentes de alteridade". Essa associação permite que entendamos o processo de leitura constituinte da produção de contrapalavras, ou seja, em cada encontro com o texto, há um momento de "resposta", o qual resgata possíveis enunciados e suas expressividades, fazendo da compreensão leitora uma atividade ativa-responsiva no dizer bakhtiniano.

Lembre-se: a leitura não acontece de modo linear e serial, passo a passo, desde o olho até a memória, onde o material linguístico chega e é processado. Na leitura, há um envolvimento do leitor em todas as etapas: da antecipação do material linguístico até a formulação de uma imagem/significação. A tomada de decisão em relação à focalização de seu olhar e a pausa na leitura, por exemplo, são determinadas não somente pelo que o leitor lê no momento em que interage com o texto, mas também por seus níveis de conhecimento que atuam interativamente – estrutura linguística, padrões ortográficos, assunto etc. –, fazendo da leitura um jogo interativo, no qual o leitor dialoga a todo momento com o que vem da página para chegar à compreensão. A leitura não é apenas o processo de analisar as unidades que são percebidas para, com base nisso, chegar a uma síntese. É também predição, pois, por meio da síntese, o leitor segue com o processo de análise para checar hipóteses de sentidos no texto. Isso ocorre progressivamente na materialidade linguística interrelacionada com as operações cognitivas e os níveis de conhecimento necessários à compreensão.

5.5 Modelos teóricos de leitura

O avanço dos estudos psicológicos sobre processos mentais refletiu na mudança de foco para as pesquisas linguísticas no âmbito da leitura, que passou a ser vista como processo. Surgiram, a partir disso, modelos de compreensão para o texto escrito. As perspectivas teóricas apresentadas são a **pré-interativa**, ou **unidirecional**, e a **interativa**. Na perspectiva pré-interativa (Kleiman, 1989), integram-se os modelos teóricos de processamento (leitura ascendente ou *bottom-up*) e modelos psicolinguísticos (leitura descendente ou *top-down*).

> **Tipos de processamento de informação**
>
> O **processamento descendente** (*top-down*) é uma abordagem não linear que faz uso intensivo e dedutivo de informações não visuais e cuja direção é da macro para a microestrutura e da função para a forma.
>
> O **processamento ascendente** (*bottom-up*) faz uso linear e indutivo das informações visuais, linguísticas, e sua abordagem é composicional, isto é, constrói o significado por meio da análise e síntese do significado das partes.

Fonte: Kato, 1995, p. 50.

A perspectiva de leitura ascendente ou *bottom-up* parte do entendimento de que o significado está no texto; assim, a informação parte do texto para o leitor, prevendo que uma boa compreensão para o texto é aquela que extrai mais informações dele, não contando com a negociação de sentidos por parte do leitor. Já a leitura como processo descendente ou *top-down* contempla os conhecimentos prévios com uma abordagem do leitor para o texto, considerando essa bagagem de conhecimentos mais importante que a estrutura textual.

A realização de uma leitura ascendente (*bottom-up*) permite ao leitor, no momento da leitura do texto, não tirar conclusões precipitadas em relação ao seu conteúdo, pois ele se apoia na materialidade do texto, fazendo uso linear e indutivo de sua estrutura e efetuando operações de análise e síntese do significado das partes. Então, no processo ascendente o leitor constrói sua trajetória de compreensão leitora na informação visual, não fazendo uso de conhecimentos prévios. Para Kato (1995, p. 51), "o sujeito que realiza a leitura de modo ascendente é vagaroso e pouco fluente, apresentando dificuldades em sintetizar as ideias do texto, porque não sabe distinguir níveis de conteúdo."

No tipo descendente (*top-down*) de processamento da informação, o leitor ativa, por meio das informações visuais, conteúdos que estão em sua memória; ele parte do processo ascendente, mas o utiliza pouco, privilegiando o processamento descendente. Com isso, o leitor identifica ideias secundárias e principais no texto, faz uma leitura mais veloz, fluente, e usa de conhecimentos prévios. Esses conhecimentos permitem-no predizer muito do conteúdo do texto, levantando hipóteses também sobre o que não está explícito em sua materialidade, mas que se pode **inferir** dela. Desse modo, o leitor faz muito mais uso de seus conhecimentos prévios do que da informação dada pelo texto. Kato (1995, p. 50) defende que "o leitor no processo descendente faz excessos de adivinhações sem procurar confirmá-las com dados do texto".

O processo descendente se integra aos modelos psicolinguísticos nos quais a leitura conta com o conhecimento prévio do leitor e sua capacidade inferencial. Apesar de os modelos psicolinguísticos terem contribuído para o avanço nas pesquisas sobre leitura, permanece a crítica de que há um excessivo enfoque no leitor e em seus conhecimentos prévios. Já o processo ascendente se realiza em modelos cujo enfoque na leitura está na análise e na síntese do significado das partes, integrando-se aos modelos teóricos de processamento. Qual seria, então, um enfoque mais acertado para o leitor? É aquele em que os dois processamentos são empregados como complementares, cabendo ao leitor saber executá-los de modo próprio e adequado, ou seja, avaliando dados do texto, controlando conscientemente sua leitura por meio da checagem de suas hipóteses com as pistas textuais. Ainda de acordo com Kato (1995, p. 62), o domínio dos processamentos permite ao leitor tanto predizer e inferir o conteúdo do texto (processo descendente), quanto conferir graus diferentes de certeza e de confiabilidade em relação ao que ele antecipou na sua leitura.

Tanto os modelos teóricos de leitura que envolvem o processo ascendente (processamentos) quanto os que envolvem o processo descendente (psicolinguísticos) contribuíram para uma concepção de leitura interativa, que abrange os dois processos, desenvolvida nos anos de 1980 e que ainda se destaca atualmente. No **modelo interativo**, o leitor atua no texto e sobre o texto, fazendo previsões acerca do conteúdo, verificando as informações e apontando hipóteses de sentido, que podem ser confirmadas ou não. O significado do texto não está pronto para nele ser identificado – ele é construído no processo interativo entre autor, texto e leitor.

Assim, em uma perspectiva interativa, um sentido para o texto não está no que o autor expressa, não está no que se decodifica no texto nem exclusivamente no leitor. O sentido é construído de modo conjunto e colaborativo entre os componentes da relação textual: autor, texto e leitor, podendo ser alterado e modificado a cada novo contexto interativo; por essa razão, falamos em **um** sentido para o texto em contextos específicos de leitura, e não **no** sentido para o texto.

Estratégia cognitiva

A **inferenciação** é uma estratégia de mapeamento de sentidos do texto. Tem natureza cognitivo-linguística, a qual permite ao leitor estabelecer uma ponte de significação entre o material linguístico presente na superfície textual e os conhecimentos prévios partilhados. Essa relação entre a informação textualmente expressa e o conhecimento prévio e/ou partilhado é estabelecida por meio da intertextualidade, de elementos da situação comunicativa e de todo o contexto sociocultural.

Nesses modelos teóricos de leitura, a relação com o objeto pode acontecer em graus de determinação e de indeterminação. No caso de o texto ser um objeto determinado, cabe ao leitor a sua análise e decodificação. Se o texto for um objeto indeterminado, compete ao leitor a (re)criação de um significado e a imposição de uma estrutura. A leitura, de acordo com esses modelos, pode ser vista como a descrição de eventos e de aspectos envolvidos na decodificação do texto ou compreendida sob a inter-relação com a estrutura linguística e os níveis de conhecimento leitor, pressupondo a interação do sujeito com o objeto no momento da leitura.

Em resumo, ao analisarmos conjuntamente os dois modos de processar a informação, entendemos que são estágios ou modos de ler do leitor. Esse entendimento pode apontar tipos de leitor, como você pode verificar no Quadro 5.1.

Quadro 5.1 – Tipos de leitor

Leitor iniciante: COMPOSIÇÃO (*bottom-up* = ascendente)	• Leitor processa sua compreensão com base na materialidade textual. • Não se atém às entrelinhas do texto.
Leitor eficiente: CONSTRUÇÃO (*top-down* = descendente)	• Leitor processa sua compreensão com base em seus conhecimentos prévios. • Não se pauta na materialidade textual. • Corre o risco de extrapolar o conteúdo do texto, à medida que não checa as hipóteses levantadas sobre a informação visual.
Leitor proficiente (RE)CONSTRUÇÃO (*bottom-up+top-down*)	• Leitor processa sua compreensão por meio reconhecimento instântaneo (Kato 1995, p. 34), isto é, o reconhecimento da palavra como um todo, sem uma análise de suas partes, podendo utilizar o processo de composição (análise-síntese) quando se depara com palavras que não fazem parte de seu léxico mental. • Utiliza a estratégia de predição e realiza inferências conforme os níveis de conhecimento. • Ativa conhecimentos prévios sobre as estruturas linguísticas. • Estabelece relações de sentido de acordo com suas experiências de mundo, produzindo novos conhecimentos.

Fonte: Adaptado de Kato, 1995, p. 50.

E qual o modelo de leitor a ser preparado nos espaços de ensino?
Devemos priorizar a formação de um leitor que conheça a estrutura textual, seus mecanismos de construção e tenha acesso a conhecimentos diversos, de modo que tenha facilidade na identificação de conhecimentos exteriores ao texto, mas que estejam de algum modo a ele atrelados. O leitor também deve saber identificar a rede de implícitos no texto. Com esses encaminhamentos, pode-se orientar o aluno na construção e na reconstrução de sentidos no texto, atrelando essa construção às suas experiências socioculturais.

> O processo de construção do texto base, ou seja, a observação da reconstrução semântica do discurso ou a **reconstrução** formal da informação ou **conteúdo do texto** constitui a ferramenta inicial para a atividade de compreensão: o leitor identificará os **níveis textuais**: microestrutura, macroestrutura e superestrutura.
>
> A microestrutura textual compreende a estrutura de superfície do discurso, o encadeamento linguístico e a interpretação semântica em nível local. Com o estabelecimento de uma interpretação semântica linear e relacional, entre as sucessivas sentenças em um discurso, identificamos a **macroestrutura do texto** que, em geral, constitui o tópico de um texto, o enredo ou a trama.
>
> Para a organização dos discursos no texto, há uma estrutura formal ou esquemática convencionalizada que nos faz perceber o modo de organização do conteúdo de um texto, considerando os modos de dizer. Assim sendo, um texto de natureza narrativa apresenta uma estrutura esquemática convencional compreendida por categorias, como situação, complicação e resolução. Essas categorias nos permitem identificar alguns delimitadores sobre a base textual. Do mesmo

> modo, artigos, relatórios etc. terão categorias específicas que delimitem sua organização discursiva. Trata-se de uma forma que organiza o conteúdo global do texto (ou macroestrutura) que se denomina **superestrutura**.

Fonte: Adaptado de Van Dijk, 2000, p. 78-161.

Trata-se de um leitor que elabora sua compreensão por meio dos processos de análise-síntese (composição), faz levantamento de hipóteses sobre o material textual, confirma ou não suas hipóteses na informação visual e lança mão de inferências, conjugando-as a uma bagagem de conhecimentos em diversos níveis: linguístico, discursivo e sociocultural.

Caberá a esse leitor saber articular as unidades linguísticas, encadeá-las para formar um todo compreensível, realizar o processo de análise-síntese quantas vezes forem necessárias para o domínio de uma informação no texto, combinando reconhecimento e composição, pois sempre há algo no texto que já faz parte do universo de conhecimentos do leitor e que se ajustará a informações novas e desconhecidas por ele. Nessas informações, compreendem-se palavras que podem não fazer parte do conhecimento lexical do leitor e que estão no texto validando um sentido pretendido por quem o produziu. Para se aproximar de um sentido possível, o leitor se vale mais do processo ascendente, ou seja, análise e síntese do vocábulo.

A partir do encadeamento semântico feito pelo leitor, caberá a ele, também, sumarizar informações, identificando o que é principal e o que é secundário quanto ao que se expressa no texto. No processo de reconhecimento da informação textual, esse leitor relacionará o conteúdo com outros que já fazem parte do seu repertório, empregando estratégias inferenciais. Tal relacionamento entre conteúdo textual e extralinguístico se estabelecerá de modo contíguo e contínuo, constituindo a natureza dinâmica e interativa do processamento leitor, pela qual o sujeito entra em ação no texto para a identificação de processos linguísticos e a combinação de informações a fim de selecionar conteúdos e reconstruí-los com base em suas experiências leitoras.

É necessário, para a compreensão, que o leitor considere:
~ a materialidade constitutiva do texto;
~ o gênero textual e sua funcionalidade;
~ a tematização proposta relacionada à realidade textual;
~ as informações do texto inter-relacionadas ao mundo extralinguístico, aos diferentes contextos de uso e de interação;
~ a ativação e a reativação de conhecimentos armazenados na memória.

A atividade desempenhada pelo leitor no texto compreende feições linguísticas e sociocognitivas, em que ele emprega estratégias de processamento cognitivo, textual e sociointeracional. As estratégias cognitivas requerem do leitor cálculo mental, ativação e reativação de conteúdos, recorrência a conhecimentos prévios, bem como o estabelecimento de inferências. É com base no que está explícito na materialidade constitutiva do texto que o leitor pode depreender conteúdos e associá-los ao seu mundo leitor – e isso é feito pela recorrência a uma série de conhecimentos que estão em sua memória. Por essa razão, a leitura envolve a construção e a reconstrução de conteúdos com base nas experiências dos sujeitos-leitores.

5.6 Leitura em relação ao texto e ao leitor

O processo de atribuir significação associa-se às relações construídas pelo leitor com a linguagem, levando em conta o contexto de que ele dispõe, complementadas por sua habilidade em estabelecer ilações e processar as informações que adquire com as que já tem em mente.

No processo leitor, há uma dinâmica textual intensa, num entrelace de **cotexto** (material linguístico) e **contexto**, pois o leitor utiliza uma série de estratégias não excludentes, mas complementares, formando uma rede em permanente construção e com possibilidades de novos entrelaces com base no levantamento contínuo de hipóteses, as quais podem ser confirmadas, descartadas ou alteradas. Daí dizermos que esta construção se realiza em vários níveis simultaneamente: o leitor determina passos interpretativos que são flexíveis de acordo com a formulação de hipóteses, que podem ser descartadas no texto subsequente e, assim, levar o leitor a realizar a reinterpretação, na qual ele conta com operações cognitivas que objetivam recuperar o sentido. Diante da complexidade do texto, podemos compreender que ele não é algo pronto, não é um produto – sua constituição resulta de um processo de interações. Leia os textos a seguir:

> Ele [o contexto] engloba todos os tipos de conhecimentos arquivados na memória dos actantes sociais, que necessitam ser mobilizados por ocasião do intercâmbio verbal: o conhecimento linguístico propriamente dito, o conhecimento declarativo, quer episódico (*frames*, *scripts*), o conhecimento da situação comunicativa e de suas "regras" (situacionalidade), o conhecimento estrutural (tipos textuais), o conhecimento estilístico (registros, variedades da língua e sua adequação às situações comunicativas), o conhecimento sobre os variados gêneros adequados às diversas práticas sociais, bem como o conhecimento de outros textos que permeiam nossa cultura (intertextualidade).

Fonte: Koch, 2009a, p. 24.

Dilemas da política econômica

Barco à deriva ameaçado pelas ondas tsunamis da inflação, o Brasil atracou em 1999, no porto seguro do [Fundo Monetário Internacional] FMI, confiando-lhe o comando de nossa política econômica. Faz seis anos. Desde então, somos parecidos às antigas colônias do Império Romano, governadas por cônsules que as visitam de quando em vez. Volta e meia, a mídia noticia que nova missão do FMI desembarcou neste país colonial abençoado por Deus.

Desde 1999, após a intervenção cirúrgica efeemista, quando o remédio quase matou o paciente, elevando a taxa de juros para o índice estratosférico de 45% ao ano, o Brasil entregou parte de sua soberania aos cardeais protetores do mercado (entenda-se: mais remessas de lucros às nações metropolitanas) que lhe impuseram o cinto de *gastidade*: o controle rígido das metas de inflação. Fizeram até aprovar a lei de responsabilidade fiscal (ignorando a de responsabilidade social). O médico passou a exibir os ótimos resultados dos exames, embora o paciente agonizasse... [...].

Fonte: Frei Betto, 2005.

Nesses textos, podemos observar que, para uma leitura mais próxima do projeto comunicativo do autor, segundo suas pistas textuais, há de se considerar o conhecimento do leitor sobre uma série de acontecimentos que o produtor textual tem como compartilhados. Esses acontecimentos são trazidos sob uma escala temporal que obriga o leitor a buscar referências anteriores ao momento de realização e circulação do texto, mas, também, exige que ele esteja de posse de algumas informações atuais do contexto sociopolítico e econômico. É o que se percebe, por exemplo, quando se compara a missão do FMI à missão dos navegadores portugueses quando atracaram em Porto Seguro (Bahia), configurando o "descobrimento" do Brasil, mas, neste caso, o FMI é o "porto seguro" em que o Brasil se encontra atracado.

O produtor reconstrói a cena do "descobrimento" à luz da atual política econômica; compara o país às antigas colônias do Império Romano e esclarece o porquê, identificável na sequência do escrito, afirmando que, tal como elas, este país é governado por representantes estrangeiros que o visitam de quando em vez. A utilização do termo *seguro* permite, num primeiro momento, relacioná-lo – por meio de inferências, produzidas em razão de um conhecimento enciclopédico do leitor – ao nome do espaço geográfico em que, primeiramente, chegaram as naus portuguesas, quando do "descobrimento" do Brasil, e, num segundo momento, entendê-lo sob sua acepção comum de segurança que, no propósito do texto, será questionada, pois se discutirá a ideia de confiar ao FMI o comando de nossa política econômica.

Ainda no contexto de navegações, o país é referido como porto em que o FMI desembarca, uma vez ou outra, com novas missões que, adiante no texto, o autor esclarece como intervenções. O leitor, por ocasião do processamento sociocognitivo, ação que envolve aspectos cognitivos, linguísticos e socioculturais, reconstrói o seu entendimento por FMI (Fundo Monetário Internacional) e o admite como uma personificação, isto é, as siglas representam metonimicamente as pessoas que trazem a missão em nome deste fundo, "os cardeais" protetores do mercado.

Nessa interação com o texto, sentidos são estabelecidos, mas o leitor sabe que eles se prendem ao contexto em que estão inseridos. Por isso, confirma-se que o sentido não é estável nem é algo fixo à palavra, ele se constitui em contextos diferenciados e se mantém segundo um acordo entre produtor e leitor, com base em pistas sinalizadoras no texto.

O produtor, aqui, constrói o seu discurso num jogo de ironias costurado em metáforas.

O Brasil é, nessa situação de submissão, o barco à deriva na política econômica e ameaçado pelas "ondas tsunamis da inflação". Como se afirmou, as escolhas feitas objetivam uma condução de leitura – razão por que a comparação que se faz das ondas tsunamis à ação inflacionária se justifique no conhecimento de que, no Brasil, a inflação foi alta e se estendeu por um longo período, conforme o autor cita no texto, pois este fenômeno se caracteriza como uma onda de proporções gigantescas e prolongada. É dessa forma que o produtor do texto apresenta o Brasil: mesmo informando a seguir a existência de um "porto seguro", o país está sem rumo e se sujeita às ondas *tsunamis*. Aqui, espera-se do leitor um saber sobre tais ondas e o seu poder avassalador, ilustrado na atualidade da produção do texto, pois tal fenômeno ocorreu recentemente em regiões da Ásia e da África.

Não podemos calcular quais interpretações serão atribuídas a dado texto, mas podemos avaliar se as leituras propostas sugeridas pelos leitores são pertinentes ou não, levando em conta as pistas textuais e as manobras por esses leitores realizadas. Assim, explicar as razões de leitura do leitor é algo justificável e legítimo e pode ser feito de modo compatível ao explicar leituras baseadas no texto, isto é, ao se discutir por que alguém leu um texto como leu. No caso de uma leitura distanciada, uma das possibilidades a ser contemplada é que se conclua que o leitor pode ter manobrado mal as pistas deixadas no texto por seu autor.

O leitor pode explicar o seu modo de ler, sem concordar com uma leitura inferida das marcas textuais, mas não pode se distanciar muito delas, pois, ao produzir um conteúdo, oral ou escrito, um locutor realiza uma projeção de sentidos e tem a expectativa de alcance de suas ideias por parte de seu interlocutor.

Para saber mais

GOODMAN, K. S. Reading: a Psycholinguistic Guessing Game. In: GUNDERSON, D. (Org.). **Language an Reading**. Washington: Center for Applied Linguistics, 1970.

KORLES, P. A. Patterns Analysing Disability in Poor Readers. **Developmental Psychology**, v. 11, n. 3, p. 282-290, maio 1975.

Síntese

A compreensão textual envolve uma série de mecanismos que englobam níveis cognitivos, linguísticos, textuais, discursivos e sociointeracionais, os quais entram em ação no contexto de leitura.

Em contato com materialidade textual, é importante que o leitor identifique escolhas linguísticas realizadas pelo produtor do texto que se destacam por um objetivo argumentativo. Essas escolhas conduzem o leitor à construção de um significado global para o texto, promotor de sua coerência. Nesse caso, ressaltamos que se trata de um significado global, e não total, pois não podemos afirmar que houve um sentido total alcançado na leitura de um texto. Haverá implícitos no texto que podem ser preenchidos pelo mesmo leitor, em momentos distintos de leitura, ou por novos leitores.

A construção de significados para os implícitos no texto conta, portanto, com múltiplas fontes de conhecimentos: linguístico, discursivo, situacional e enciclopédico. O leitor, em contato com o texto, lança mão de conteúdos que estão arquivados em sua memória para fazer uma ponte com o material linguístico, que também carrega um conteúdo a ser inferido.

Esse leitor, então, levanta hipóteses sobre o conteúdo textual, mantendo uma postura de expectativa em relação ao texto, identificando marcas textuais e, com base nelas, apontando interpretações por meio de pistas orientadoras escolhidas pelo produtor do texto. Essa interpretação, por sua vez, é feita com base nos níveis de conhecimento do leitor.

É possível afirmar que a leitura do texto se realiza em um processo de vai e vem constante, em que a cada instante o leitor poderá se deparar com um conteúdo, ter uma ideia sobre e ele e, a seguir, descartá-la, pois realiza hipóteses de sentido continuamente. O leitor mantém-se em autoavaliação constante, pois a leitura requer isso dele em relação ao conteúdo com o qual se depara, em todos os gêneros discursivos. Essa ação caracteriza o processamento leitor como um levantamento de hipóteses, que podem ser confirmadas, modificadas, acrescentadas e/ou descartadas no processo de compreensão.

Atividades de autoavaliação

1. Leia o texto a seguir:

> Formar os alunos como cidadãos da cultura escrita é um dos principais objetivos educativos da escola. Dentro desse propósito geral, a finalidade da educação literária "pode resumir-se à formação do leitor competente" […]. O debate sobre o ensino da literatura se superpõe, assim, ao da leitura, já que a escola deve ensinar, mais do que "literatura", é "ler literatura". Mas o que significa ser um leitor literário competente em nossa sociedade? […].

Fonte: Colomer, 2007, p. 30.

O trecho em destaque integra o capítulo *Ler na escola: os "livros de leitura"* e apresenta uma pergunta sobre o leitor competente. Com relação às possíveis respostas a essa pergunta, assinale as proposições a seguir com V (verdadeiro) ou F (falso) e assinale a alternativa que corresponde à sequência correta:

( ) É aquele capaz de construir sentidos sobre o que leu.
( ) Tem habilidades leitoras específicas que o auxiliam na compreensão.
( ) Relaciona segmentos textuais e, com base neles, posiciona-se criticamente.
( ) Inter-relaciona as informações do texto no contexto e confronta--as com sua realidade.

a) V, F, V, V.
b) V, V, V, V.
c) F, F, V, V.
d) V, V, F, V.

2. Leia o texto a seguir:

> A despeito do senso comum, cientistas não precisam ser necessariamente avessos às coisas alegres da vida. Esse mito derive, talvez, do modo como a maioria dos cientistas trabalha, em horários pouco convencionais ou em turnos muito longos, sem interrupção. Ou ainda, quem sabe, de sua obsessão por chegar ao final de uma investigação, tornando-os tão focados em seus projetos de pesquisa que chegam a parecer, à nós que estamos de fora, pessoas que por nada mais se interessam.
> Na realidade, **essas hipóteses** não são de todo equivocadas, porém, se os conhecemos de perto, os cientistas são pessoas que levam a vida como qualquer pessoa.

A progressão textual ocorre com movimentos de avanço e recuo de termos ou conteúdos no texto. É um processo dinâmico em que os referentes linguísticos criados podem ser modificados, desativados, reativados, transformados e recategorizados, permitindo que um sentido seja construído e reconstruído no curso de uma interação.

Observe o sintagma "essas hipóteses" no pequeno texto lido. Sobre esse sintagma, assinale V (verdadeiro) ou F (falso):

( ) Funcionam como elementos coesivos no texto.
( ) Resumem conteúdos expressos anteriormente.
( ) Expressam uma avaliação sobre o conteúdo do texto.
( ) São expressões nominais sumarizadora.

Assinale a alternativa que corresponde à sequência correta:

a) V, F, V, V.
b) V, V, V, V.
c) F, F, V, V.
d) V, V, F, V.

3. Leia um trecho do texto que apresenta a lei publicada em 29 de outubro de 2013 pelo Conselho Supremo de *fatwas* da Autoridade Nacional Palestina (ANP), cujas propostas discutem as práticas do cotidiano moderno e sua relação com a lei islâmica. O destaque se faz ao decreto 357 do Conselho que consente o namoro *on-line*.

> **Namoro *on-line* consentido**
>
> Era pecado. Mas uma nova *fatwa* promete revolucionar a vida dos solteiros palestinos: já é possível namorar pela internet. O decreto religioso islâmico agora permite aos jovens conversarem com pessoas de outro sexo pela rede – com restrições. Só vale teclar com pretendentes se a motivação for o casamento. E as mulheres não podem divulgar fotos ou vídeos, comentar sua aparência física ou usar uma voz "sedutora" no cortejo virtual.

Fonte: Adaptado de Kresch, 2013, p. 45.

Para uma compreensão adequada do trecho selecionado, considerando o segmento que o inicia ("Era pecado"), compete ao leitor:

I) reconhecer a lei islâmica.
II) ter um bom conhecimento enciclopédico.
III) estabelecer coesão interna.
IV) ter um bom domínio vocabular.

Assinale a alternativa correta:

a) As proposições I e II estão corretas.
b) As proposições III e IV estão corretas.
c) As proposições II, III e IV estão corretas.
d) As proposições II e IV estão corretas.

4. Leia o texto a seguir:

> **Processamento e leitura**
>
> Durante o processamento da compreensão leitora, o leitor utiliza de suas estruturas cognitivas e afetivas. As estruturas cognitivas envolvem os conhecimentos sobre a língua e o mundo; já as afetivas envolvem as atitudes ou competências de abordagem em relação ao texto. As informações e os conhecimentos que o leitor tem na sua memória são utilizados em diversas situações e de acordo com seus interesses no processamento leitor, compondo parte de conhecimentos prévios, necessários e imprescindíveis na interação com o texto, pois a interpretação do que é lido não se processa exclusivamente com base na materialidade linguística, mas com múltiplas relações de ordem cognitiva e textual-discursiva.

Com base no texto, marque V para afirmativas verdadeiras e F para as falsas. A seguir, assinale a alternativa que apresente a sequência correta.

( ) Constroem-se sentidos somente com as informações visuais expressas nos textos.
( ) Interpretam-se os textos por meio de estratégias de predição apenas.
( ) Compreendem-se textos pela combinação de informações visuais e estratégias inferenciais.
( ) Constroem-se sentidos a partir de pistas linguísticas e de diversos conhecimentos.

a) V, F, V, V.
b) F, F, V, V.
c) V, F, F, V.
d) V, V, F, V.

5. Gêneros digitais, como *e-mail*, *chats*, aulas virtuais etc. contribuem para uma mudança mais veloz na escrita eletrônica, a qual, embora apresente similaridades com a língua falada, tem seu contexto próprio, destacando-se pelo dinamismo das interações intermediadas pelo computador. Com base nessa afirmação, no reconhecimento das imagens e no seu conhecimento sobre a interação nas redes sociais, é possível afirmar:

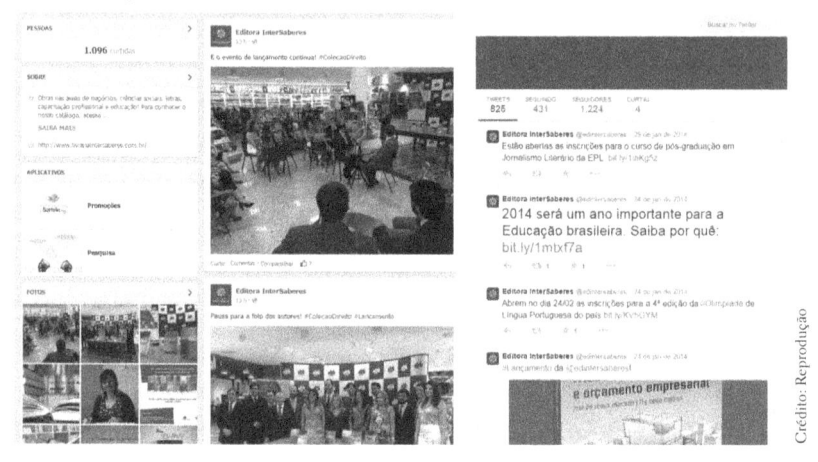

I) As novas tecnologias propiciam o surgimento de novas maneiras de se comunicar e de escrever, por exemplo, a estratégia de redução de palavras: vc = você; porque = pq; beleza = blz; fim de semana = fds etc.

II) A internet, cada vez mais acessível e rápida, trouxe para o cotidiano a aproximação entre as pessoas e, consequentemente, favoreceu o processo de comunicação.

III) As redes sociais, como o Twitter® e o Facebook®, são utilizadas em larga escala em todo o mundo e, em função disso, tornaram-se um campo fértil para conhecermos a escrita eletrônica.

IV) A escrita comumente utilizada no Twitter® e no Facebook® parece estar mais próxima da oralidade e, assim, o processo de comunicação é realizado de forma dinâmica.

Sobre as afirmativas elencadas, podemos afirmar que:

a) I e IV estão corretas.
b) II e III estão corretas.
c) III e IV estão corretas.
d) I, II, III e IV estão corretas.

Atividades de aprendizagem

Questão para reflexão

1. Leia o texto a seguir:

> Perguntava-se o menino, intrigado, após a longa explanação do avô sobre os motivos que deveriam ter-lhe convencido de ir ter com o banho. Todo dia aquele banho, pura perda de tempo. Pra que banho todo dia, escola todo dia, deveres todo dia? E agora ainda o tal do "lavar bactérias" que se sabe lá o que haveria de ser. Seria como o banho semanal do cachorro? Esse sim, felizardo, banho só uma vez por semana e sem "lavar bactérias", só sabão e água. E foi que teve a ideia de ir perguntar ao avô se bem não podia ficar só com um bom "lavar sabão e água" às quartas-feiras.

Nesse texto, podemos ver que o uso das aspas é um importante recurso argumentativo. Tal recurso pode funcionar no texto mais do que um introdutor de citações, termos ou expressões. Considere essa afirmação e identifique a função das aspas no texto. Comente sua resposta, justificando-a com passagens do texto.

Atividade aplicada: prática

Leia o texto a seguir:

O olho, um captor imperfeito

Os limites que o olho impõe à leitura são consideráveis. A estrutura de nosso captor visual nos obriga a percorrer as frases em sacadas, deslocando o olhar a cada dois ou três décimos de segundo. A leitura não é senão uma sucessão de tomadas do texto, o qual é apreendido quase palavra a palavra. Se as pequenas palavras gramaticais como os auxiliares, os pronomes, as conjunções, as preposições, ou os artigos são quase sempre pulados, quase todas as outras palavras essenciais de conteúdo da frase, tais como os nomes, os verbos, os adjetivos ou os advérbios, devem ser fixados pelo olhar.

Esses limites são inamovíveis: eis aí a primeira prova de que nossa organização biológica limita nossa aprendizagem cultural. É possível certamente o treino para otimizar nossas sacadas visuais, mas a maior parte dos bons leitores que leem ao redor de 400 a 500 palavras por minuto já está próxima do ótimo: com o captor da retina de que dispomos, sem dúvida, não é possível fazer muito mais. Pode-se demonstrar que são mesmo as sacadas que limitam nossa velocidade na leitura. Com efeito, se suprimirmos nossa necessidade de mover os olhos, apresentando as palavras no computador uma após a outra, no ponto preciso onde se fixa o olhar, um bom leitor poderá atingir velocidades de leitura extraordinárias: 1.100 palavras por minuto em média, 1.600 para os melhores – ou seja, três a quatro vezes mais que a leitura normal e cerca de uma palavra a cada 40 milissegundos! Com este método de apresentação sequencial visual rápida, a identificação e a compreensão permanecem satisfatórias, o que bem demonstra que a duração destas etapas centrais não é limitadora na leitura normal. Será que esta apresentação informatizada representa o futuro da leitura, num mundo onde as telas substituem progressivamente o papel?

Seja o que for, enquanto o texto continuar apresentado em páginas e em linhas, o que ocorre é que é a aquisição pelo olhar que diminui a velocidade da leitura e constitui um limite incontornável. Os métodos de leitura rápida, que se propõem atingir uma taxa de 1000 palavras por minuto ou mais, devem, pois, ser considerados com o maior ceticismo. Sem dúvida, é possível aumentar um pouco o âmbito visual a fim de reduzir o número de sacadas. Pode-se, igualmente, aprender a evitar as regressões, esses momentos quando o olhar volta às palavras que acabou de percorrer. Mas não podemos ultrapassar os limites físicos do olho, sob pena de saltar as palavras e, em consequência, perder o fio do texto. Lembremos da experiência de Woody Allen: "Na semana passada segui um curso de leitura rápida – e funcionou! Ontem li todo o Guerra e paz numa hora. É a história sobre os russos..."

Fonte: Dehaene, 2012.

Agora, veja a imagem a seguir:

CURSO DE LEITURA DINÂMICA & MEMORIZAÇÃO

METODOLOGIA EXCLUSIVA

Crédito: Tiago Möller

Com base na leitura do texto "O olho, um captor imperfeito", produza um parágrafo argumentativo no qual você se posicione contra a proposta do curso de **leitura dinâmica**.

Capítulo 6

Neste capítulo, enfatizamos aspectos metodológicos em relação a abordagens com o texto na sala de aula, principalmente o texto literário, ressaltando a perspectiva do contato entre texto, leitor e construção de sentidos. Temos por maior interesse sugerir alternativas e princípios teóricos para o profissional que atua na educação, mas interessa-nos também contribuir para um melhor desempenho do aluno de quem é exigido o domínio das práticas de leitura e escrita, pilares em sua formação.

Leitura e literatura: estratégias pedagógicas e abordagem em sala de aula

Ressalvamos que as propostas não se esgotam nos comentários feitos aqui, mas buscam oferecer orientações que podem ser complementadas e, de acordo com o contexto de ensino, reformuladas. O que nos importa é chamar a atenção para as dimensões pragmática, semântica e gramatical que devemos levar em conta na abordagem com os textos em ambientes de ensino, principalmente em relação aos textos literários, cujo trabalho pedagógico deverá resguardar as especificidades. Acrescentamos, também, indicações de leituras complementares, em síntese ou na íntegra, para apoiar discussões que possam não ter sido abordadas nas demais seções da nossa proposta.

Como ponto de partida, propomos uma leitura e, com base nela, abordaremos questionamentos sobre o trabalho com o texto em sala de aula, visando ao desenvolvimento do aluno/leitor.

No Retiro da Figueira

Sempre achei que era bom demais. O lugar, principalmente. O lugar era... era maravilhoso. Bem como dizia o prospecto: maravilhoso. Arborizado, tranquilo, um dos últimos locais – dizia o anúncio – onde você pode ouvir um bem-te-vi cantar. Verdade: na primeira vez que fomos lá ouvimos o bem-te-vi. E também constatamos que as casas eram sólidas e bonitas, exatamente como o prospecto as descrevia: estilo moderno, sólidas e bonitas. Vimos os gramados, os parques, os pôneis, o pequeno lago. Vimos o campo de aviação. Vimos a majestosa figueira que dava nome ao condomínio: Retiro da Figueira. Mas o que mais agradou à minha mulher foi a segurança. Durante todo o trajeto de volta à cidade – e eram uns bons cinquenta minutos – ela falou, entusiasmada, da cerca eletrificada, das torres de vigia, dos holofotes, do sistema de alarmes – e sobretudo dos guardas. Oito guardas, homens fortes, decididos – mas amáveis, educados. Aliás, quem nos recebeu naquela visita, e na seguinte, foi o chefe deles, um senhor tão inteligente e culto que logo pensei: "ah, mas ele deve ser formado em alguma universidade". De fato: no decorrer da conversa ele mencionou – mas de maneira casual – que era formado em Direito. O que só fez aumentar o entusiasmo de minha mulher.

Ela andava muito assustada ultimamente. Os assaltos violentos se sucediam na vizinhança; trancas e porteiros eletrônicos já não detinham os criminosos. Todos os dias sabíamos de alguém roubado e espancado; e quando uma amiga nossa foi violentada por dois marginais, minha mulher decidiu – tínhamos de mudar de bairro. Tínhamos de procurar um lugar seguro.

Foi então que enfiaram o prospecto colorido sob nossa porta. Às vezes penso que se morássemos num edifício mais seguro o portador daquela mensagem publicitária nunca teria chegado a nós, e, talvez... Mas isto agora são apenas suposições. De qualquer modo, minha mulher ficou encantada com o Retiro da Figueira. Meus filhos estavam vidrados nos pôneis. E eu acabava de ser promovido na firma. As coisas todas se encadearam, e o que começou com um prospecto sendo enfiado sob a porta transformou-se – como dizia o texto – num novo estilo de vida.

Não fomos os primeiros a comprar casa no Retiro da Figueira. Pelo contrário; entre nossa primeira visita e a segunda – uma semana após – a maior parte das trinta residências já tinha sido vendida. O chefe dos guardas me apresentou a alguns dos compradores. Gostei deles: gente como eu, diretores de empresa, profissionais liberais, dois fazendeiros. Todos tinham vindo pelo prospecto. E quase todos tinham se decidido pelo lugar por causa da segurança.

Naquela semana descobri que o prospecto tinha sido enviado apenas a uma quantidade limitada de pessoas. Na minha firma, por exemplo, só eu o tinha recebido. Minha mulher atribuiu o fato a uma seleção cuidadosa de futuros moradores – e viu nisso mais um motivo de satisfação. Quanto a mim, estava achando tudo muito bom. Bom demais.

Mudamo-nos. A vida lá era realmente um encanto. Os bem-te-vis eram pontuais: às sete da manhã começavam seu afinado concerto. Os pôneis eram mansos, as aleias ensaibradas estavam sempre limpas. A brisa agitava as árvores do parque – cento e doze, bem como dizia o prospecto. Por outro lado, o sistema de alarmes era impecável. Os guardas compareciam periodicamente à nossa casa para ver se estava tudo bem – sempre gentis, sempre sorridentes. O chefe deles era uma pessoa particularmente interessada: organizava festas e torneios, preocupava-se com nosso bem-estar. Fez uma lista dos parentes e amigos dos moradores – para qualquer emergência, explicou, com um sorriso tranquilizador. O primeiro mês decorreu – tal como prometido no prospecto – num clima de sonho. De sonho, mesmo.

Uma manhã de domingo, muito cedo – lembro-me que os bem-te-vis ainda não tinham começado a cantar – soou a sirene de alarme. Nunca tinha tocado antes, de modo que ficamos um pouco assustados – um pouco, não muito. Mas sabíamos o que fazer: nos dirigimos, em ordem, ao salão de festas, perto do lago. Quase todos ainda de roupão ou pijama.

O chefe dos guardas estava lá, ladeado por seus homens, todos armados de fuzis. Fez-nos sentar, ofereceu café. Depois, sempre pedindo desculpas pelo transtorno, explicou o motivo da reunião: é que havia marginais nos matos ao redor do Retiro e ele, avisado pela polícia, decidira pedir que não saíssemos naquele domingo.

"Afinal" disse, em tom de gracejo "está um belo domingo, os pôneis estão aí mesmo, as quadras de tênis...

Era mesmo um homem muito simpático. Ninguém chegou a ficar verdadeiramente contrariado.

Contrariados ficaram alguns no dia seguinte, quando a sirene tornou a soar de madrugada. Reunimo-nos de novo no salão de festas, uns resmungando que era segunda-feira, dia de trabalho. Sempre sorrindo, o chefe dos guardas pediu desculpas novamente e disse que infelizmente não poderíamos sair – os marginais continuavam nos matos, soltos. Gente perigosa; entre eles, dois assassinos foragidos. À pergunta de um irado cirurgião o chefe dos guardas respondeu que, mesmo de carro, não poderíamos sair; os bandidos poderiam bloquear a estreita estrada do Retiro.

"E vocês, por que não nos acompanham?" perguntou o cirurgião.

"E quem vai cuidar da família de vocês?" disse o chefe dos guardas, sempre sorrindo.

Ficamos retidos naquele dia e no seguinte. Foi aí que a polícia cercou o local: dezenas de viaturas com homens armados, alguns com máscaras contra gases. De nossas janelas nós os víamos e reconhecíamos: o chefe dos guardas estava com a razão.

Passávamos o tempo jogando cartas, passeando ou simplesmente não fazendo nada. Alguns estavam até gostando. Eu não. Pode parecer presunção dizer isto agora, mas eu não estava gostando nada daquilo.

Foi no quarto dia que o avião desceu no campo de pouso. Um jatinho. Corremos para lá.

Um homem desceu e entregou uma maleta ao chefe dos guardas. Depois olhou para nós – amedrontado, pareceu-me – e saiu pelo portão da entrada, quase correndo.

O chefe dos guardas fez sinal para que não nos aproximássemos. Entrou no avião. Deixou a porta aberta, e assim pudemos ver que examinava o conteúdo da maleta. Fechou-a, chegou à porta e fez um sinal. Os guardas vieram correndo, entraram todos no jatinho. A porta se fechou, o avião decolou e sumiu.

Nunca mais vimos o chefe e seus homens. Mas estou certo que estão gozando o dinheiro pago por nosso resgate. Uma quantia suficiente para construir dez condomínios iguais ao nosso – que eu, diga-se de passagem, sempre achei que era bom demais.

Fonte: Scliar, 1995.

6.1 Pontos de reflexão sobre a leitura

Para um entendimento do texto, é possível o ensino de estratégias para que uma compreensão se estabilize, podendo se modificar em novas situações de leitura. Apesar de não se poder ensinar a compreensão, é possível orientar modos para sua realização, por meio do ensino dessas estratégias, considerando um desenvolvimento de competências leitoras.

Essas competências englobam: esquemas cognitivos do leitor, por meio dos quais se faz o reconhecimento da materialidade textual e suas múltiplas relações, tanto no interior do texto quanto fora dele; redes de significação em termos contextuais e conhecimento enciclopédico; níveis de criticidade e criatividade que permitem uma ressignificação para o texto, objeto de interação.

Portanto, para a compreensão, espera-se do leitor uma reconstrução do discurso no texto, que depende em parte do material linguístico e em parte de um modo particular de conceber o mundo e significá-lo. Isso nos leva ao entendimento de que, para uma orientação leitora, é importante considerar que a interação leitor e texto atrela-se aos níveis de conhecimento do leitor e suas habilidades, mas também é necessária uma orientação para o desenvolvimento de competências que o auxiliem nessa ação. Por essa razão, em se tratando de texto escrito, e a possibilidade de ele ser selecionado por um orientador em contextos de aprendizagem, alguns encaminhamentos merecem reflexão.

6.1.1 Primeiro ponto de reflexão: O texto está de acordo com o público a que se destina?

Pensemos no texto *No Retiro da Figueira*, de Scliar. É um conto que apresenta um conteúdo social e os leitores podem se identificar com o tema. Mas esse conteúdo é apresentado sob uma perspectiva crítica. O que é exposto na materialidade: "compra de casas no Retiro da

Figueira, uma vida de encantos com sistemas de alarmes impecável..." pode ser lido por muitos e variados leitores, mas nem todos os leitores ficarão atentos ao modo como essa materialidade é exposta, porque esse modo de dizer depende do que está na superfície do texto e do que está além dela, contando com o conhecimento do leitor e suas habilidades. Isso requer um grau de leitura e maturidade em relação ao mundo.

Se o leitor tem o domínio do código escrito, ele poderá ler o texto e reconhecê-lo em um nível informacional, não necessariamente de conteúdo, ou seja, que englobe não só o dito na superfície linguística mas a rede de inferências a partir dela. O nível informacional, portanto, não basta para que se realize uma compreensão inferencial e crítica. No entanto, reconhece-se que há a leitura em nível informacional, na perspectiva de reconhecimento do que há no texto, e isso não é impedimento leitor, é apenas uma questão de direcionamento, situação, escolha ou condição.

No contexto de ensino, em razão do propósito com a leitura e a compreensão, a indicação de leitura deve ser pensada considerando os níveis inferenciais e críticos que se podem alcançar no texto, dependendo dos esquemas do leitor. Por isso, espera-se que a escolha de um texto leve em conta quais são os objetivos em relação à sua leitura, os quais melhor indicarão o público.

De um modo geral, indicar o que se pode ou não ler e verificar se o texto está de acordo com o público a que se destina são questões cujas respostas se relativizam, pois dependem de vários aspectos – as condições de acesso, o conteúdo do livro proposto, o público a que se destina –, e, muitas vezes, selecionar um livro tendo em vista esses fatores não significa acertar na escolha. Então, uma resposta que torna menos complexa a questão da escolha de um livro é a que Cecília Meireles nos trouxe em seu livro *Problemas da literatura infantil* (1984): "Quem escolhe o livro é o seu leitor". Aqui, fazendo as devidas adaptações: **quem escolhe o texto é o seu leitor**.

Sendo assim, o leitor vai ao texto a partir de um interesse, um objetivo com a leitura. Toda leitura deve ter um objetivo. Não só partindo de uma exigência externa, como acontece nos contextos de ensino. Ela pode ser mobilizada por interesses particulares, profissionais, entretenimento, para conhecimentos específicos e gerais. Essa realidade, portanto, interferirá na escolha do livro, e isso quem decide é quem tem o objetivo traçado.

Com o conhecimento do código linguístico, o leitor terá o domínio da textualidade, mas ele precisa de outros conhecimentos, como, principalmente, a bagagem sociocultural, suas experiências leitoras. Isso permitirá a identificação do gênero a que pertence o texto, a sua tipologia, os aspectos de sua materialidade, que já oferecem indícios para uma forma de olhar o texto em relação ao ambiente de produção e de circulação, aos interlocutores a quem ele se dirige e a uma possível intenção comunicativa.

A leitura caracteriza-se, assim, em seu aspecto interativo, envolvendo os diversos níveis de conhecimento: as regras de uso da língua, o domínio do vocabulário, o conhecimento da sintaxe, dos gêneros discursivos e de suas tipologias; o conhecimento enciclopédico ou de mundo, referindo-se às experiências que o leitor adquire ao longo de sua existência e nas interações, fundamentais para o estabelecimento de inferências na leitura dos textos.

Essas observações não invalidam o que é possível perceber – em se tratando de crianças pequenas, por exemplo, o que diz respeito a aspectos que envolvem a figuração, como cores, fotografia, imagens, formato etc., o que também pode se constituir um atrativo para os leitores adultos e interferir na escolha pessoal de um livro, sem contar na influência midiática e nos modismos.

6.1.2 Segundo ponto de reflexão: O contato do leitor com o texto

De posse do texto, a leitura silenciosa é fundamental para que se confirmem as hipóteses que cada leitor faz e fez durante a leitura do conto, o chamado *procedimento de predição*. A leitura silenciosa é um meio de validar o ato subjetivo intrínseco ao processo leitor, em que cada leitor tem o seu tempo e o seu movimento autoavaliativo de retroceder no texto, em paradas feitas em razão de algum impasse comunicativo: desconhecimento do vocabulário, dificuldade de entendimento da informação no parágrafo etc. Muitas vezes, nesse processo, alguns leitores saem da leitura silenciosa para uma leitura em voz baixa ou alta, dependendo do ambiente, e, ainda, o leitor volta ao texto.

O pedido da leitura silenciosa não se realiza em tempo igual para todos, por isso o professor deverá ter maior atenção em relação a essa proposta, não se esquecendo de realizar em conjunto a leitura em voz alta após a leitura silenciosa. É importante que ocorra a leitura em voz alta, pois ela permitirá uma nova etapa de avaliação por parte do leitor. Com ela, há uma nova oportunidade de ouvir do texto o que lhe escapou em um momento anterior, confirmando hipóteses já feitas ou apenas fazendo uma releitura, o que não deixa de dar uma "cor" diferenciada ao texto. Mas a exigência dessa leitura como uma tarefa, sem o contato anterior com o texto, impede o aluno de interagir com este, pois irá se concentrar em um único propósito: a decodificação.

Para um texto como o de Scliar, a leitura silenciosa permitirá ao leitor a vivência de um efeito surpresa na narrativa, em que o enunciador opta por apresentar suas ideias gerando uma expectativa no leitor, o que é marcado na pressuposição de um conteúdo partilhado, um modo indireto de dizer. Veja um exemplo: "Sempre achei que era bom demais". Essa afirmação se apresenta no início do texto, e se confirmará ao final, como uma redenção a ser reconhecida pelo leitor. A estratégia de suspense na escrita motiva o leitor a continuar no texto para saber **o que** era bom demais. E saber, também, sobre a escusa do enunciador.

Não é só nesse aspecto que o leitor ganha em uma leitura silenciosa: a parceria com o texto o torna cúmplice no enunciado; neste exemplo, destaca-se o reconhecimento do "desabafo" do narrador, quando marca sua desconfiança, que àquele parece ser fundamental a percepção por seu interlocutor: "que eu, diga-se de passagem, sempre achei que era bom demais", ideia que retoma e reitera o início do texto.

A estruturação textual, a escolha de determinadas marcas linguísticas – nesse caso, do estilo dialogal –, de estratégias como a repetição para enfatizar a ideia de desconfiança ou, ainda, indícios de ironia no texto, são recursos melhor percebidos no contato do leitor com a materialidade textual, respeitando um tempo de leitura e o vaivém próprio do momento de compreensão. Esse processo não invalida a leitura em voz alta, a qual, seguida desse movimento íntimo com o texto, contribuirá ainda mais na confirmação ou refutação de hipóteses leitoras, bem como oferecerá um modo mais distanciado na percepção da narrativa lida. O que se pode considerar é uma combinação dos dois processos leitores, silencioso e em voz alta e, ainda, a leitura coletiva, como aliados para uma compreensão crítica do texto.

6.1.3 Terceiro ponto de reflexão: Êxito na compreensão leitora

Um maior grau de conhecimentos compartilhados entre produtor textual e leitor permitirá maior êxito leitor. O produtor do texto terá o seu texto compreendido de modo mais aproximado de suas expectativas se contar com um leitor habilidoso, com um grau de conhecimento elevado em relação a conhecimentos enciclopédicos, sendo ele capaz de identificar as manobras linguísticas que o autor fez, reconstruindo as escolhas em estratégias de dizer que lhe permitam uma aproximação do projeto de sentido do texto.

Se observarmos no conto de Moacyr Scliar como se faz ênfase à ideia "Bem como dizia o anúncio" no primeiro parágrafo, reiterada no terceiro e sexto parágrafos, destacando o emprego do pretérito imperfeito do indicativo, notaremos, também, que se trata de outra pista que encaminha para um tom de desconfiança de que o enunciador intenciona partilhar. Isso se pode afirmar dada uma natureza semântica do pretérito imperfeito: o emprego desse verbo expressa um processo no passado com duração no tempo, mas também pode expressar, metaforicamente, irrealidade, conforme Koch e Silva (1995, p. 52-53), podendo associar-se semanticamente ao futuro do pretérito com referência à hipótese, probabilidade, incerteza, não comprometimento (Ilari, 2001).

São essas situações que identificamos no texto. O narrador conta sobre o condomínio ("maravilhoso", "tranquilo", "um novo estilo de vida", "clima de sonho"), mas ressalvando ("tal como dizia" ou "tal como prometia o prospecto"), distanciando-se do dizer e deixando a cargo do leitor um querer dizer: "não sou eu quem diz, é o que estava no prospecto". Essa escolha é uma manobra para marcar seu posicionamento no texto e também orientar o leitor na identificação de um olhar sobre os fatos narrados.

Por meio de pistas linguísticas, é possível calcular o que o produtor textual projeta como sentido, ou expectativa de, a ser depreendido no texto. Como este não pode ser totalmente explícito, em razão da natureza opaca da linguagem, carregada de implícitos, por mais que o produtor queira ser explícito, ele deixará muito por dizer. Por isso, o seu texto, sob o ponto de vista de sentidos, será semideterminado, ou melhor, só terá um sentido determinado quando se especificar um dado contexto, ou seja, o sentido só se fixa contextualmente.

É essa visão que comporta a ideia de certo ou errado para uma leitura, tomando a concepção de leitor como um colaborador do autor que também produz sentidos sobre uma estrutura vazada, que admite, portanto, sua participação. Se o leitor se distanciar muito de uma linha argumentativa identificada por meio das pistas textuais, é possível falarmos em leitura errada. Algumas escolhas linguísticas feitas pelo produtor funcionam como uma "baliza" para o dizer dele e, de certo modo, direcionam um sentido. Por exemplo: discordar sobre uma desconfiança por parte de quem narra o texto em relação à proposta de um condomínio seguro em promessa de novo estilo de vida, tomando a ideia de narrador participativo, é desconsiderar indícios no texto que corroboram para essa leitura, como "sempre achei que era bom demais"; "Quanto a mim, estava achando tudo muito bom. Bom demais" etc., identificando traços de ironia na repetição de "bom demais".

Destacamos que, para a leitura de um texto, é necessário compreender o código linguístico no qual se inserem todos os demais códigos, entendidos como os esquemas do leitor ou as categorias de conhecimentos que fazem parte da manipulação desse código linguístico, o qual integra aspectos de forma, de estrutura e de conteúdo, o modo como se organiza o discurso no texto, a partir da inscrição do autor, destacando um estilo particular no uso da língua. Um leitor, portanto, realiza sua leitura de acordo com esses códigos, o que abrange desde o seu grau de conhecimento sobre o texto até a forma como interage com ele. Porém, isso não significa dizer que a compreensão requer que os conhecimentos do texto, apresentados por quem o produziu, e o do leitor, construídos por sua bagagem cognitiva interacional, cognoscitiva, sejam coincidentes, mas quer dizer que esse leitor, de posse de conhecimentos coincidentes com o texto, possa melhor interagir com seu conteúdo.

6.1.4 Quarto ponto de reflexão: O contato do leitor com o texto – a construção de uma leitura

Todo texto permite a ampliação de conhecimentos: por um lado, porque apresenta o olhar de alguém sobre uma questão a partir de determinado ponto; por outro, porque pode trazer conhecimentos que o leitor não apresentava e aos quais terá acesso por meio dessa leitura, produzindo, assim, novos conhecimentos. É um modo de ampliar horizontes de leitura, o que poderá alterar, complementar e ampliar o patrimônio cultural do leitor. No entanto, caberá a ele o desenvolvimento de estratégias de inferências para uma construção de sentidos eficiente.

O reconhecimento está no fato de o leitor formular constantemente hipóteses sobre o que está lendo, fazer previsões sobre o conteúdo do texto, as quais se relacionam com os modelos que ele tem em mente, baseando-se nos conjuntos de conhecimentos armazenados em sua memória, esquemas. Esse leitor, então, processa estratégias denominadas *cognitivas* e *metacognitivas*, por meio de diferentes componentes em integração e elaboração.

As estratégias cognitivas contemplam o desenvolvimento automático e inconsciente do domínio leitor. Trata-se, por exemplo, da depreensão do conteúdo informacional na segmentação do texto, identificando a ordem natural da sintaxe, prevendo uma relação de coerência nesse conteúdo. É o que alguns autores denominam de *princípio da canonicidade* ou *da ordem natural* e, no caso da coerência, o *princípio da coerência*.

Esse entendimento do processamento leitor se estende para uma visão do trabalho pedagógico em que se privilegiem passos para atividades considerando o texto sob uma perspectiva linguística e discursiva, isto é, entendendo-o como projeção de um dizer de alguém e de que forma ocorre a materialização desse dizer. Por isso, ele deve ser levado em conta tanto do ponto de vista da sua estruturação linguística como do seu funcionamento discursivo. É importante observar o modo como o dizer é construído, não basta identificar as escolhas linguísticas; é necessário procurar saber como o leitor percebeu as manobras do produtor com essas escolhas e como se posicionou a partir dessa identificação nesse processo.

No caso do exemplo já citado, se considerarmos a sentença "Bom demais", em "Quanto a mim, estava achando tudo muito bom. Bom demais", como uma ideia positiva, estaremos desconsiderando muitos aspectos apontados anteriormente no texto, não estabelecendo com eles relação de sentido. Nesse caso, caberá ao leitor reconhecer que a repetição de "Bom demais" objetiva explicitar um tom irônico ao vivenciado no texto.

É preciso um querer ir para o texto e olhar para ele, com uma vontade de saber dele a ponto de percorrer os trajetos de quem o escreveu. Sabemos que diante do que está à nossa volta, fazemos seleção, verificação e suposições. Trata-se de estratégias cognitivas básicas para seguir com o nosso conhecimento do dia a dia. Ao reconhecer no texto *No Retiro da Figueira* situações do cotidiano ("Os assaltos violentos se sucediam na vizinhança, trancas e porteiros eletrônicos já não detinham os criminosos", no segundo parágrafo), o leitor vê uma porta se abrir para dialogar mais com o texto, identificando uma realidade não muito distante, apresentando informações com as quais pode confrontar experiências, e isso pode fazê-lo querer do texto mais do que oferece a superfície linguística, fazendo-o percorrer os meandros do texto para que este seja um ponto de partida para debates e outras produções.

Esse processamento pode ser realizado de modo mais consciente no lidar com os textos escolarizados: selecionar textos interessantes, verificar se eles estão de acordo com o que queremos ou precisamos, se estão em consonância com a realidade a que pertencemos ou com aquela da qual queremos fazer parte, ou sobre a qual desejamos ter informações e, a partir dessas intenções, começar a fazer previsões sobre as possíveis contribuições que o texto pode nos oferecer.

Com base nisso, a apresentação de um texto pode iniciar-se de modo lúdico. Por que não? Gostamos e nos interessamos pelo que nos desperta a atenção e a curiosidade: são os anúncios entrecortados e incompletos, frases ambíguas, chamadas apelativas etc. Esses recursos interesseiros podem fazer parte de um universo para a leitura de textos.

Em contexto de sala de aula, o recebimento de um anúncio publicitário elaborado, tal como o proposto no conto *No Retiro da Figueira*, pode ser o motivador para **estratégias de predição**. Por meio dessa estratégia, o leitor pode prever o conteúdo do texto a fim de ativar esquemas mentais e, com isso, construir hipóteses sobre o texto ou o livro a ser lido, sobre uma realidade possível a ser descoberta, despertando uma **memória discursiva** que todos temos. É um passo dado para a apresentação do conto de Moacyr Scliar, sem o automatismo que se tem, muitas vezes, nas aulas de literatura.

O fato de se pensar sobre o título do prospecto, o conteúdo da mensagem publicitária, elaborado a partir do enunciado no conto, constitui formas de orientação para a compreensão leitora, pois é uma manobra para o levantamento de hipóteses de sentido que se confirmarão quando o leitor se deparar com o texto. Esses termos em si, *prospecto, anúncio*, já requerem do leitor o estabelecimento de inferências importantes para a construção de sentidos, e eles poderão integrar a seleção de atividades propostas em um momento posterior ao da compreensão do texto em si, com estudos sobre a estrutura, a composição e o estilo desse gênero que vem implicitamente apresentado no texto.

Como podemos perceber, o texto, quando trata do anúncio, destaca no seu conteúdo as adjetivações e um estilo de linguagem apelativa, o que caracteriza bem esse gênero: "Bem como dizia o prospecto: '**maravilhoso**'"; "Arborizado, tranquilo, **um dos últimos locais** – dizia o anúncio"; "estilo moderno, sólidas e bonitas (**exatamente como o prospecto descrevia**)". Por meio desses elementos, é possível identificar que o texto tem o propósito de chamar a atenção do leitor por meio de um discurso apelativo, e que para isso utiliza adjetivações e argumentos em que a sedução é a tônica da linguagem. Além de anunciar e tratar sobre algo ou alguém, ele busca persuadir o leitor a compartilhar da mesma ideia anunciada. Essa é a construção da tipologia discursiva do gênero publicitário, conteúdo que se pode perceber na situação descrita do texto, ou seja, é um conhecimento que o leitor pode adquirir de modo participativo, construtivamente.

6.1.5 Quinto ponto de reflexão: Como a enunciação se organiza?

A leitura inicial do texto nos faz perceber que há um relato sobre um acontecimento que envolveu uma pessoa e que ela, como narradora, conta essa situação ao leitor. E esse fato ou acontecimento espelha uma situação da vida social do homem. Por meio de uma linguagem comum, a história é narrada muito semelhantemente às do mundo real, com descrição de detalhes. O narrador conta sua vivência, é o personagem principal e desenvolve a história participando dela, apresentando a vida de outros personagens. A identificação desses traços permite ao leitor entender que ele está diante de uma tipologia discursiva de caráter narrativo, que é, entre outros gêneros, a do conto. A organização de seus conteúdos pode ser feita pela observação da hierarquia existente entre as informações do texto, ou seja, conforme os níveis mais relevantes ou menos relevantes em relação ao propósito comunicativo. Esse recorte é feito por meio de estratégias cognitivas que contam com tarefas de retenção e de paráfrase, constituindo um dos mecanismos formais de marcação do tema, conforme Van Dijk (1975).

O leitor diante de uma narrativa sabe, por exemplo, que é comum ter elementos como: narrador, personagem, ambiente, tempo e enredo, e ainda que essa tipologia conta com uma estrutura típica: exposição, complicação, clímax e desfecho. O reconhecimento dessa organização é o que chamamos de *superestrutura textual*.

Identificar elementos do texto que envolvem a superestrutura não comporta tão somente perguntas de extração de informações, ou de cópias de conteúdo do texto. Por exemplo: saber que o texto é narrado em primeira pessoa e que é o narrador quem conta a história é uma perspectiva literal. Esse movimento o leitor faz sozinho, é uma estratégia automática do movimento de identificação da informação no texto. Para ampliar uma percepção de leitura, sob o ponto de vista de orientação, de modo que o leitor perceba outras pistas, é importante que se veja como o leitor compreendeu, por exemplo, se no modo como o narrador conta a história ele demonstra algum ponto de vista sobre o fato narrado. E se demonstra, como o leitor percebeu essa demonstração? Qual a pista deixada pelo produtor do texto objetivando marcar esse posicionamento? O que pode ser identificado por meio das escolhas linguísticas?

No caso dessa narrativa, será interessante observar o uso de algumas marcas textuais que se realçam por meio da estratégia da repetição. Segundo Koch (2000, p. 100), a repetição pode ser um processo estratégico **heterocondicionado**, ou seja, provocado pelo interlocutor com o objetivo de mostrar estranheza diante do enunciado. Vejamos alguns exemplos:

1. **O lugar**, principalmente. **O lugar era... era maravilhoso**. Bem como dizia o prospecto: **maravilhoso**
2. **Sempre achei que era bom demais** [...] que eu, diga-se de passagem, **sempre achei que era bom demais**.

Esse é um tipo de proposta em que a elaboração do item pode ser feita de acordo com a organização didática do orientador de aprendizagem e do objetivo da atividade. É possível a elaboração de um item com alternativas em que se apontem possibilidades de respostas, isto é, quanto mais indicações leitoras no texto, melhor será para o leitor se posicionar em relação a um direcionamento ou se firmar em uma linha argumentativa mais delimitada, ou, no caso de um leitor pouco familiarizado com o texto, será um meio de ele se aproximar das ideias apresentadas.

6.2 Leitura em sala de aula

Quando se aborda o tema da leitura e suas práticas de ensino, devem-se estender muitas das observações às diferentes disciplinas. Em Ciências, Matemática, História, Língua Estrangeira ou Geografia, realizam-se atividades de leitura e compreensão, principalmente atividades de compreensão de gêneros específicos das áreas, os quais circulam em contextos mais pertinentes a elas, por exemplo: relatórios técnicos, tabelas, gráficos, mapas, índices etc. O que propomos aqui é uma reflexão sobre comportamentos leitores e orientações sobre o gesto de leitura, tomando diferentes contextos que o envolvem, em diferentes práticas com a linguagem.

Apresentamos argumentos sobre uma prática que se paute no desenvolvimento de estratégias de compreensão leitora, em que se destaca o papel do professor como orientador na compreensão de textos, um importante colaborador para o desenvolvimento de competências e habilidades de leitura, permitindo ao aluno o domínio do texto como produção conjunta e colaborativa, isto é, de modo que ele entenda o seu papel de leitor participativo que atua, que é ativo no jogo interativo que se estabelece no tripé autor-texto-leitor.

Com essas considerações, destacamos que qualquer que seja a atividade de leitura proposta para o(as) aluno(as), há critérios importantes a serem pensados:

1. Ter clareza quanto ao(s) objetivo(s) da(s) atividade(s) proposta(s), o que envolve observar o público a que se dirige a atividade, o contexto situacional e as perspectivas do trabalho a ser realizado.

2. Verificar a viabilidade da atividade em termos de realização no contexto de ensino envolvendo a leitura.
3. Tornar a atividade clara para os alunos quanto às instruções, pois ela deve ter um direcionamento especificado para quem vai realizá-la; a identificação do propósito é primordial para que o sucesso se estabeleça.
4. Identificar a relevância pedagógica da atividade e sua inter-relação com as demais atividades no contexto de ensino.

6.2.1 O texto: aplicação e ensino

Em Bakhtin (2000, p. 297), vimos que a utilização da língua ocorre pelo emprego de enunciados orais e escritos e que "as pessoas não trocam palavras (numa acepção rigorosamente linguística), ou combinações de palavras, [elas] trocam enunciados constituídos com a ajuda de unidades da língua". Elas se comunicam por meio de gêneros discursivos. Isso justifica considerar os gêneros discursivos como eixos norteadores para abordagens de ensino de língua.

Cumpre observar, nesse contexto, aspectos como o conteúdo dos enunciados, a estrutura, a composição, o estilo etc. Uma proposta de atividade deverá integrar um olhar orientador para:

~ tema do texto;
~ composição do conteúdo e sua estruturação\forma;
~ configuração textual – as escolhas linguísticas realizadas pelo produtor;
~ natureza contextual da enunciação;
~ recursos estilísticos;
~ apresentação do discurso ou posicionamento na enunciação.

Como vimos, as leituras possíveis para um texto são autorizadas, ou não, pelas marcas linguísticas apresentadas por seu produtor e pelo que se pode inferir com base nelas, considerando o universo leitor, as redes intertextuais, o contexto de produção e de circulação. É importante a orientação para a apresentação dessas escolhas linguísticas no texto, destacando os movimentos que se fazem na leitura: construção e reconstrução constantes levando em conta a memória discursiva de cada leitor.

> Para Ingedore Koch, na constituição da memória discursiva, estão envolvidos, como operações básicas, as seguintes estratégias de referenciação: **construção**, pela qual um "objeto" textual até então não mencionado no texto é introduzido, passando a preencher um nódulo ("endereço" cognitivo, locação) na rede conceitual do modelo de mundo textual: a expressão linguística que o representa é posta em foco na memória de trabalho, de tal forma que esse "objeto" fica saliente no modelo; **reconstrução**, um nódulo já presente na memória discursiva é reintroduzido na memória operacional por meio de uma forma referencial, de modo que o objeto-de-discurso permanece saliente (o nódulo continua em foco); **desfocagem**, ocorre quando um novo objeto-de-discurso é introduzido, passando a ocupar a posição focal. O objeto retirado de foco, contudo, permanece em estado de ativação parcial (*stand by*), podendo voltar à posição focal a qualquer momento, ou seja, ele continua disponível para utilização imediata na memória dos interlocutores. Cabe lembrar, porém, que muitos problemas de ambiguidade referencial ocorrem em razão das instruções pouco claras sobre com qual dos objetos-de-discurso presentes na memória do leitor a relação deverá ser estabelecida.

Pela repetição constante de tais estratégias, um modelo textual pode ser estabilizado. Mas, ao mesmo tempo, por meio de novas referenciações, esse modelo é continuamente reelaborado e modificado. Isso faz com que os "endereços" ou nódulos cognitivos já existentes possam ser modificados ou expandidos durante o processo de compreensão.

Fonte: Adaptado de Koch, 2009b, p. 29-42.

6.2.2 Estratégias de leitura

Entre os aspectos da materialidade textual a serem observados pelo professor na sua orientação para a leitura, estão aqueles que marcam o tema.

O conhecimento que o leitor tem sobre a estrutura do texto é uma das fontes necessárias para a depreensão do tema. A familiaridade com um tipo de texto facilita essa depreensão. Tal familiaridade, seja em relação à estrutura, seja em relação a outros fatores de ordem linguístico-discursiva ou cognitiva, deve ser levada em consideração na elaboração de procedimentos de leitura. A seguir, elencamos algumas estratégias comuns ao processamento leitor.

1. **Predição**: Por meio dessa estratégia, o leitor pode prever o conteúdo do texto ativando esquemas mentais e, com isso, construindo hipóteses sobre o texto ou o livro a ser lido. Exemplo de atividades: explorar o título do livro, o subtítulo, as imagens e cores e suas relações e implicações.
2. **Estratégias de balanceamento do explícito com o implícito**: É um meio de se estabelecerem relações entre o conteúdo textualmente impresso e os conhecimentos prévios do leitor, que são pressupostos, pelo produtor do texto, como partilhados. "Não existem

textos totalmente explícitos, o produtor, assim, precisa proceder ao balanceamento do que precisa ser explicitado textualmente e do que pode permanecer implícito, por ser recuperável via inferenciação" (Koch, 2009a).

3. **Inferenciação**: O leitor, por meio de estratégias cognitivas, toma como ponto de partida alguma informação do texto e, levando em conta o contexto, em seu sentido amplo, faz associações mentais construindo novas representações que lhe permitem estabelecer uma ponte entre essas representações e o material linguístico disposto no texto.

4. **Estratégias textuais** ou **textualizadoras**: O modo como o conteúdo está organizado no texto e é distribuído pela sintaxe da língua, observando-se sua articulação e a progressão entre os elementos linguísticos, de forma que permite um avanço desses conteúdos, identificando um elo entre um dado e um estabelecido no texto. Assim, gradativamente se estabelecem enlaces textuais por meio de recursos linguísticos que constituem as estratégias textualizadoras, ou seja, escolhas realizadas pelos produtores, selecionadas entre tantos recursos dispostos na língua e que, de acordo com o propósito comunicativo, a intenção e o objetivo de escrita, constituem a materialidade textual.

   I. Organização da informação: O modo de distribuição do material linguístico na superfície textual. É a introdução de informações novas e o acréscimo de predicações para essas informações com o objetivo de ampliar e/ou reformular os conhecimentos já "armazenados" (porque já foram ditos ou fazem parte do seu universo leitor ou de mundo) a respeito deles.

   II. Estratégias de formulação: Essas estratégias têm um funcionamento cognitivo-interacional no texto com o objetivo de facilitar a compreensão por meio de inserções e de formulações. Assim, o uso de mecanismos linguísticos de explicação, justificativa, ilustrações e exemplificações tem, muitas vezes, o objetivo de melhor organizar o mundo textual, facilitando a compreensão.

III. Estratégias de referenciação: Ativação, desativação, reativação de referentes linguísticos por meio de remissão por intermédio de recursos de natureza lexical, como sinônimos, hiperônimos, nomes genéricos, descrições definidas, ou por reiteração de um mesmo grupo nominal ou parte dele; por meio da elipse, ou, ainda, a partir de pistas expressas no texto, por via da inferenciação.

IV. Intertextualidade: Um texto pode fazer referência a outros discursos e a outros textos, apresentando esses discursos em sua composição na perspectiva do conteúdo e na forma. Assim, mesclam-se na materialidade linguística de modo que o produtor se apropria de um discurso já pronto, e isso pode ser feito de modo explícito (assumido ao ponto de dizer a quem pertence o discurso marcado no texto) ou implícito, modo que requer do leitor um conhecimento enciclopédico para identificar a fonte intertextual.

V. Jogos retóricos de linguagem: Podemos destacar a habilidade do produtor em utilizar os recursos de que a língua dispõe na apresentação do conteúdo do texto. Isso já é feito no processo de textualizar. No entanto, destaca-se, em termos retóricos, no tocante às manobras estilísticas de que pode lançar mão o produtor com a finalidade de imprimir no texto marcas específicas, características de um estilo que lhe é peculiar. Muitas vezes, essas manobras não são percebidas por leitores. E é aos leitores que elas interessam, no sentido de que é somente no processamento leitor que elas se tornam efetivamente manobras estilísticas ou, em outros termos, soam em efeitos estilísticos, em marcas de ironias etc. Conforme Ducrot (1987, p. 13): "Muitas vezes temos a necessidade de, ao mesmo tempo, dizer certas coisas e de poder fazer isso como se não a tivéssemos dito; de dizê-las, mas de tal forma que possamos recusar a responsabilidade de tê-las dito."

6.2.3 A atividade de resumo

É importante assinalar, sobre o resumo, que essa é uma das atividades mais comuns no contexto escolar, solicitada para corresponder à verificação da leitura de textos e livros. É comum também ouvirmos alunos de diferentes segmentos mencionando não saber como se faz um resumo em relação ao que privilegiar como informação relevante no conteúdo do texto. Isso nos leva a constatar que o aluno busca o domínio de regras para a realização do resumo como tarefa escolar, sem refletir se é ou não uma tarefa de compreensão do texto. Como a leitura, no contexto escolar, não é necessariamente um processo de compreensão, isso permite dizer que a atividade de resumo nem sempre remete à compreensão do texto.

A capacidade de resumir, portanto, será também indicativa da competência discursiva do leitor, que se valerá de regras de redução semântica, as quais dependem da sua capacidade de identificar e avaliar as informações da estrutura global do texto e de paráfrase. Com o quadro referencial total, não apenas no nível do parágrafo ou da sentença, o leitor deverá separar níveis de informação no texto: trivial, redundante e importante.

As regras de redução compreendem: (1) apagamento, (2) generalização, (3) seleção, e (4) invenção. Ao observar detalhes e informações redundantes no texto, o leitor pode aplicar a regra de apagamento, cuja estratégia é ler sequencialmente apagando ou copiando os segmentos.

A regra de supraordenação (generalização, conforme Van Dijk e Kintsch, 1975) constitui a substituição de elementos ou ações pelo nome da categoria superordenada a que pertencem e se apresenta um pouco mais difícil que a regra de apagamento, visto que se deve acrescentar um termo em lugar do segmento apagado.

Na seleção, o leitor faz a identificação da sentença-tópico presente no texto e, por meio da invenção, cria uma sentença-tópico não presente no texto. As regras de seleção e de invenção exigem do leitor-resumidor um trabalho maior, constituindo para ele maior dificuldade, pois para isso deverá abandonar a sequencialidade e, com base no conceito de sentenças-tópico, localizá-las (ou criá-las) utilizando-as na estruturação do resumo.

A invenção apresenta um grau de dificuldade maior porque o leitor-resumidor acrescentará "algo" de sua autoria ao texto, uma síntese com suas próprias palavras do significado do parágrafo. Alguns autores que estudam o tema postulam que as estratégias de seleção e invenção somente alcançam domínio satisfatório no curso universitário. Segundo Van Dijk (1977), essas regras não são apenas regras de resumo, mas também regras gerais que subjazem à compreensão.

Há estudos como os de Meyer (1975, 1977) que comprovam que leitores proficientes reagem à organização hierárquica das informações, mostrando grande convergência naquilo que eles consideram de maior importância, importância intermediária e menor importância no texto. O que é percebido como mais importante é a informação que depende diretamente do tópico.

Meyer (1975), em sua proposta de análise, divide o texto em vários níveis de profundidade vertical: o tópico ou tema seria a informação mais alta na hierarquia. Essa análise tem uma base proposicional – o texto é uma rede de proposições interdependentes, sendo que a proposição mais alta na hierarquia é aquela que independe de outras proposições.

A noção de macroestrutura postulada por Van Dijk (1977), Van Dijk e Kintsch (1975) e Van Dijk e Kintsch (1983) também surgiu da constatação do grande grau de concordância entre leitores proficientes ao fazerem o resumo de um texto. Para os autores, a macroestrutura de um texto é o produto de um processo inferencial que envolve a redução da informação do texto, cuja função é "reduzir o texto à sua mensagem comunicativa essencial". Como a macroestrutura de um texto é o resultado de operações inferenciais do leitor, pode haver diferentes macroestruturas de um mesmo texto, pois a macroestrutura é o significado global depreendido pelo leitor. Por outro lado, o grau de concordância é alto devido à marcação dos níveis (base proposicional e hierárquica) mais altos, tais como títulos e subtítulos.

6.2.4 Proposta de texto: "No Retiro da Figueira"

Um indicador importante para a manutenção temática é o uso de elementos linguísticos pertencentes a um mesmo campo semântico, ou seja, palavras ou expressões que fazem parte do mesmo campo lexical do conteúdo em destaque. Esses elementos permitem ao leitor ativar, por meio de seu sistema de conhecimentos (linguístico, enciclopédico e interacional), outros elementos no texto que possam ser interpretados e inseridos nesse mesmo campo e que sejam, de certo modo, interligados, o que permitirá a progressão do tema e a construção de sentidos.

No caso do texto de Scliar analisado neste capítulo, identificamos a rede de palavras associada à ideia de um **lugar**, ponto de partida, em que a **segurança** é a referência principal, sendo apresentada de modo irônico, como podemos ver no Quadro 6.1. Isso sugere a leitura de um lugar para o qual foi elaborada uma propaganda enganosa, invertendo-se a relação de segurança entre polícia e bandido. O que também nos sugere uma crítica à sociedade atual, refém da violência e do refúgio, ao se trancar em condomínios, de um jeito ou de outro: apesar de trancafiados, permanecemos sem segurança.

A repetição de alguns desses termos ou de ideias a eles relacionadas, com a mesma estrutura sintática, constitui estratégias para enfatizar o que está sendo contado, inclusive com um propósito maior de realce. Mecanismos como repetição, paráfrases e uso de paralelismos são importantes recursos de que o produtor se vale para garantir a continuidade do tema no texto e marcar seu posicionamento discursivo.

Observe a seguinte sentença: "Sempre achei que era bom demais". Essa sentença abre e encerra o texto. Na abertura do texto, ela sugere ao leitor a ideia de desconfiança em relação ao conteúdo que ele apresentará. De certo modo, o enunciador já garante o seu ponto de vista sobre o que vai narrar, como se quisesse deixar claro o seu distanciamento no que diz respeito ao engano de muitos. Isso se confirma com a estrutura "diga-se de passagem", na última linha do texto, como um aviso-lembrança para o leitor de que ele já desconfiava de que havia algo fora do lugar, como quem dissesse: "bom demais para ser verdade".

O processo de compreensão conta com o sistema de conhecimentos do leitor: **linguístico**, que se refere ao conteúdo linguístico que identifica os aspectos lexicais e gramaticais por meio do conhecimento linguístico; **de mundo** ou **enciclopédico**, que precisa do seu conhecimento de mundo para fazer a relação entre os conteúdos expressos no texto e as inferências que podem ser realizadas a partir dele e, ainda, associa esses conteúdos ao universo comunicativo que eles expressam, pensando também no propósito comunicativo do produtor, nos seus possíveis leitores e no contexto de interação, utilizando seu **conhecimento interacional**.

6.2.4.1 Campo lexical: marcas formais do tema

Em um texto, o tema é considerado o ponto de partida para a exposição. Nele se sustentam unidades de sentido cuja correlação de sentidos se estabelece por meio de termos pertencentes ao mesmo campo lexical do tema, ou seja, firmam-se associações entre palavras que se aproximam pelo sentido no contexto de uso do texto. Por isso, podemos dizer que se trata de uma continuidade de sentidos no texto.

Observe, no Quadro 6.1, exemplos de percepção leitora sobre o texto e a confirmação das hipóteses com base no campo lexical. Por exemplo, ao termo *segurança*, podemos associar três perspectivas leitoras: uma segurança com a ideia de futuro, baseada no anúncio do prospecto; uma ausência de segurança, em duas perspectivas, a depender de onde parte o posicionamento leitor, fora do condomínio e, depois, dentro do condomínio; a presença de segurança, que se associa à ideia de promessa, partindo de uma percepção – embora a intenção do enunciador seja a de desconstruí-la – que se pode confirmar, também, no campo semântico.

Quadro 6.1 – Estrutura do conto "No Retiro da Figueira"

Lugar (Retiro da Figueira)	"Segurança" (garantia do prospecto)	Segurança (ausência)	Segurança (presença)
Lugar	Cerca eletrificada	Assustada	Polícia
Locais	Torres de vigia	Assaltos violentos	Dezenas de viaturas
Casas	Holofotes	Criminosos	Homens armados
Gramados	Sistema de alarme	Roubado	Máscaras contra gases
Parques	Guardas	Espancado	Armados de fuzis
Lago	Homens fortes	Violentada	
Campo de aviação	Chefe	Marginais	
Condomínio	Trancas	Amedrontada	
Edifício	Porteiros		
Firma	Seguro		
Residências	Gente perigosa		
Aleias	Assassinos foragidos		
Sirene de alarme	Bandidos		
Retiro			
Salão de festas			
Matos			

As estratégias de progressão em qualquer texto são utilizadas para a manutenção do tema e, por extensão, atuam como uma orientação para o leitor no processo de construção de sentidos. São mecanismos de coesão empregados por meio de remissão e retomadas no texto, por exemplo, no segmento "Foi então que enfiaram **o prospecto colorido** sob nossa porta. Às vezes penso que se morássemos num edifício mais seguro o portador **daquela mensagem publicitária** nunca teria chegado a nós, e, talvez...". O elemento *prospecto*, núcleo da expressão nominal "o **prospecto** colorido", está sendo reativado no texto também por outra expressão nominal: "daquela **mensagem** publicitária". Há um avanço de sentido: antes, era um prospecto, um "papel" qualquer desses que recebemos. A seguir, passa a ser uma mensagem, algo que sabemos que tem um conteúdo, o que nos chama a atenção. Isso significa observar que, ao longo do texto, as palavras vão sendo retomadas em um crescente de sentido, acrescentando mais informação sobre o tema e especificando-o.

Apresentamos a seguir diferentes posicionamentos leitores em relação à definição do tema do texto. Os exemplos foram extraídos de uma tarefa aplicada a graduandos do primeiro período, na disciplina Leitura e Produção de Textos, ministrada na Faculdade de Letras da Universidade Federal do Piauí (UFPI) durante o segundo semestre letivo de 2013. É importante considerar que, conforme o leitor identifica a macroestrutura do texto, ou seja, o seu sentido global, o que ele selecionará como tema terá uma variação em relação a outros leitores. Essa diferença demonstrará níveis de leitura, na possibilidade de depreensão das estratégias de ordem linguística utilizadas pelo produtor, bem como na habilidade de o leitor processar os conteúdos do texto com o que se pode relacionar a partir dele.

Quadro 6.2 – Diferentes posicionamentos leitores

Leitor	Tema	Justificativa	Marcadores	Observações
1	A insegurança no Retiro da Figueira	O texto trata de um sequestro	Tem como marcadores formais desse tema a falsa ilusão dos encantos do Retiro da Figueira de forma implícita. Quando o texto se refere a resgate é que o leitor entende que se trata de um sequestro.	Os conhecimentos que o leitor precisa ativar para compreender o texto são os conhecimentos linguísticos e interacional, além do uso de conhecimentos prévios, partilhados e das inferências, pois só implicitamente percebe-se no texto que houve um sequestro.
2	A busca pela segurança diante da violência enfrentada no dia a dia. Vê-se claramente nos trechos: "sempre achei que era bom demais" "o lugar era maravilhoso".	As estratégias utilizadas pelo autor foram a repetição e o paralelismo.		

(continua)

(Quadro 6.2 – continuação)

Leitor	Tema	Justificativa	Marcadores	Observações
3	"Mas o que mais agradou à minha mulher foi a segurança". O autor afirma o que vai ser tratado no texto: a segurança do local. No início do texto, com o "mas", infere-se que havia mais informações além da segurança.	Para esse texto, é necessário a inferência sobre o que é bom demais, um lugar que mais parece um sonho, e o conhecimento de mundo sobre a violência nas cidades e bairros. No parágrafo 2, podemos observar a progressão textual no início. "Mas o que mais agradou", o que liga um parágrafo a outro e não deixa o leitor mudar de foco.		A resposta do aluno expressa um entendimento, a nosso ver, para o segmento "Mas o que mais agradou" como elo coesivo entre parágrafos e encaminhador tópico no texto, não deixando o leitor perder o fio da meada na sua leitura.
4	A procura de um lugar ideal para morar.	Descrição do lugar ofertado, uso da conjunção *mas*; referência ao conhecimento de mundo e às inferências.		
5	O condomínio dos sonhos.	O lugar era... tranquilo. ...E também...e bonitas ...Entre nossa primeira...já tinha sido vendida.		

(*Quadro 6.2 – continuação*)

Leitor	Tema	Justificativa	Marcadores	Observações
6	Violência urbana.	O elemento conector *mas* está expressando, nesse contexto, a ideia de contradição, pois, primeiramente, citam-se características de um local ideal para se morar, por sua tranquilidade; depois, evidencia-se que a segurança é o que conta mais.		
7	Não se deve confiar em tudo o que é bom demais.	Sempre achei que era bom demais. O lugar principalmente. O lugar era… Bem, como dizia o prospecto, maravilhoso…		
8	A violência contra pessoas da classe média alta.	Ela andava muito assustada, assaltos violentos, alguém roubado, tínhamos de procurar um lugar seguro.		
9	O falso prospecto.	O lugar era maravilhoso; todos tinham vindo pelo prospecto.		
10	O cativeiro da figueira.	O chefe dos guardas estava lá,… ladeado por seus homens… não podíamos sair… ficamos retidos…		

(Quadro 6.2 – conclusão)

Leitor	Tema	Justificativa	Marcadores	Observações
11	A busca por segurança.	O texto deixa implícito o motivo pelo qual houve interesse pelo lugar, pois repetidamente o autor faz referência à violência e à busca por um lugar mais seguro, no caso, o Retiro da Figueira.		
12	Anúncio de um condomínio.	Bem como dizia o prospecto. As casas sólidas.		
13	A segurança dos moradores do condomínio Retiro da Figueira.	Como se comportam os guardas.		
14	Segurança domiciliar.	O leitor precisa ativar no contexto a segurança nas grandes cidades. Ele precisa saber que as famílias vivem com medo de serem assaltadas e sequestradas.		
15	Anúncio de um lugar que está à venda.			
16	Segurança nas grandes cidades.			
17	Sequestro.			

Fonte: Elaborado pelos autores com base em atividade em sala de aula.

Cada um desses dezessete leitores utilizou muitas das estratégias que apresentamos teoricamente neste livro. É certo que muitos deles realizaram a atividade proposta com uma leitura intuitiva, empregada aqui nos termos de uma leitura distanciada dessas aplicações teóricas. Isso não impede a participação dialógica com o texto nem a proposição de sentidos, até porque quem está com a base do conhecimento técnico somos nós, os orientadores. Reside aí a nossa responsabilidade nos contextos de aprendizagem.

Há um diálogo mais bem estabelecido quando o leitor percebe os diferentes recursos de que lança mão o produtor para enlaçá-lo no texto. Quando esse leitor percebe, por exemplo, o uso de modalizadores – ou seja, recursos linguísticos e prosódicos empregados por quem escreve com objetivo de atrair o interlocutor ao mesmo tempo em que orienta seu projeto argumentativo –, ele pode se posicionar criticamente emitindo sua opinião, exercendo as competências inferencial e crítica tão desejadas para o ensino da compreensão leitora.

No caso do exemplo apresentado, caberia um estudo mais detalhado; no entanto, fugiria da nossa proposta. O que mencionamos para finalizar os argumentos dessa nossa explanação teórico-metodológica é a importância de um trabalho efetivo com o texto, de modo a alcançar uma compreensão nos níveis inferencial e crítico. E ainda: para chegarmos a um entendimento mais profundo do texto, conforme Koch (2000, p. 159-161), é preciso reconhecer as marcas que constituem a sua argumentatividade.

Esse reconhecimento é possível pela identificação não somente das sinalizações linguísticas no texto, compreendendo também a sua gramática, mas também pelo estabelecimento da interação autor-texto-leitor que compreende a construção, o estabelecimento, o rechaço e a aceitação de hipóteses de sentidos, mutáveis a cada nova situação de leitura. Como bem ressalta Neves (2000, p. 13), "as entidades da língua têm de ser avaliadas em conformidade com o nível em que ocorrem, definindo-se, afinal, na sua relação com o texto".

É importante que, nos espaços de ensino da língua, adote-se uma perspectiva que promova atividades com o texto em que se possibilite não apenas a reconstrução do evento de sua enunciação, mas também sua recriação com base no conhecimento de mundo e da vivência comunicativa dos ouvintes/leitores. A construção e a recriação de sentidos levarão ao entendimento de implícitos que estão mesclados na retórica discursiva do texto, por exemplo, em "No Retiro da Figueira". Isso poderá trazer boas discussões acerca do nosso contexto contemporâneo, aproveitando a temática proposta pelo nosso leitor– "a busca pela segurança diante da violência enfrentada no dia a dia" – e construir outros e novos diálogos sobre o texto, ficção e realidade.

Síntese

Neste capítulo, apresentamos argumentos e reflexões sobre aspectos metodológicos na abordagem com o texto em sala de aula. Para tanto, expusemos dimensões que devem ser observadas na orientação da compreensão leitora: pragmática, semântica e gramatical.

Firmamos que, para a observação do texto, deve-se partir do entendimento de que ele é um universo de relações sequenciadas em que suas partes se relacionam não de modo linear, mas em múltiplos enlaces semânticos por meio de avanços e recuos, ou seja, remissões e retomadas, contribuindo com a continuidade do fluxo informacional.

Quando se ressalvam os aspectos semânticos que envolvem o texto, o leitor estabelece pontes de significação não só com o conteúdo que está expresso na sua materialidade textual, mas também com uma rede de significação que faz parte de sua memória discursiva e, ainda, com as informações contextuais que se associam ao texto.

Assim, podemos dizer que, no texto, estão envolvidas operações de referenciação ou estratégias de construção discursiva as quais introduzem uma ideia por meio da ativação, reativação e desativação de referentes que, na progressão temática, constituem a coerência.

Para exemplificar os fundamentos teóricos, usamos o texto "No Retiro da Figueira", de Moacyr Scliar, cujo propósito maior é o destaque para a importância das escolhas linguísticas na construção de uma leitura que mais se aproxime do que pode ser a expectativa de compreensão de quem produziu o texto, justificando ainda diferentes aspectos que envolvem a presença do texto nos contextos de ensino.

Destacamos que o leitor lança mão de diferentes níveis de conhecimentos, além do domínio da materialidade textual, para ter um bom desempenho leitor, pois a leitura se caracteriza por seu aspecto interativo, envolvendo as regras de uso da língua, o domínio do vocabulário, o conhecimento da sintaxe e dos gêneros e suas tipologias. São eles: o conhecimento cognitivo, textual, discursivo e enciclopédico, como já citamos.

Além disso, há de se considerar que um maior grau de conhecimento partilhado entre produtor e leitor permitirá maior êxito na leitura.

Com as ideias expostas, ressaltamos que a leitura permite a ampliação de conhecimentos, possibilitando a reformulação e a renovação de ideias.

Atividades de autoavaliação

1. Leia o texto a seguir:

> A família e a escola são os melhores influentes na formação do leitor de literatura. Esta, quando planeja e realiza uma política educacional cuja prática pedagógica estimula a leitura, o senso e o prazer estético, problematiza o lúdico, a forma e a fonte de conhecimento que a Literatura representa e é; aquela, na leitura de poemas e histórias, no fornecimento de livros desde a mais tenra idade da criança, produzindo um ambiente lúdico e estimulante com as palavras.

Fonte: Lima, 2012.

O texto nos permite entender que:

I) a escola ocupa uma posição central na formação de leitores.
II) os planos educacionais podem favorecer uma política de formação de leitores.
III) a leitura não é só uma ação de escolarização, mas também social.
IV) a leitura deve ser responsabilidade da família e da escola.

Sobre essa questão, podemos afirmar que:

a) As proposições I e IV estão corretas.
b) As proposições I, II, e III estão corretas.
c) As proposições III e IV estão corretas.
d) As proposições II e IV estão corretas.

2. Leia o texto a seguir:

> Apesar do mau tempo, as autoridades municipais apressaram-se para declarar que não haveria alteração na programação dos *shows* do festival, uma vez que **eles** foram planejados com muita antecedência e o palco é à prova de chuva.
> Quanto aos fortes ventos, também previstos pelo serviço de metereologia, as autoridades não foram claras. Algumas pessoas que aguardavam a abertura dos portões disseram-se convencidas de que o palco poderá resistir a chuvas.
> Quanto ao **outro** problema, no entanto, mostraram-se preocupados. Diversos eventos no mundo já foram adiados em virtude de ventanias ou furacões. Tudo **isso** costuma ser realmente desastroso em áreas abertas, porém, apesar de fortes, segundo os especialistas, os ventos não deverão ser um problema. **Assim**, segue a nossa expectativa pelo início das apresentações.

A compreensão de um texto envolve aspectos cognitivos, linguísticos e sociais. Desse modo, o leitor, com base em estratégias cognitivas, lança mão de recursos linguísticos presentes na materialidade textual e estabelece, com base neles, inferências que consideram uma rede de conhecimentos que possui.

De acordo com o texto-base, marque V para verdadeiro e F para falso em relação ao conteúdo das afirmações a seguir:

( ) O pronome *eles*, na segunda frase, funciona como um recurso coesivo, ou seja, articulador de ideias com valor substitutivo.

( ) O pronome demonstrativo *outro*, na terceira frase, refere-se, prospectivamente, ao conteúdo "fortes chuvas".

( ) O pronome *isso*, na quarta frase, sumariza ideias no parágrafo.
( ) *Assim* é um articulador textual que sumariza o parágrafo final do texto.

Assinale a alternativa que apresenta a sequência correta:

a) V, F, V, F.
b) V, F, F, V.
c) V, F, V, V.
d) F, F, V, V.

3. Leia o texto a seguir:

Química mais dinâmica

Apesar da familiaridade com a fórmula H_2O, quantos alunos conhecem a aparência de uma molécula de água? Ou conseguem imaginar, com clareza, determinada reação química? Demonstrar conceitos e modelos do universo microscópico da Química é um dos principais desafios no ensino da disciplina. Isso porque a impossibilidade de fotografar elementos tão diminutos como átomos e moléculas costuma dificultar a percepção de suas dinâmicas e formatos pelos alunos.

A fim de representar os aspectos tridimensionais desses modelos e auxiliar sua visualização, os professores têm recorrido, tradicionalmente, aos recursos disponíveis nas salas de aula e laboratórios, como lousa, retroprojetor, imagens estáticas dos livros didáticos e modelos físicos de bolas e bastões. Mas tais possibilidades são limitadas.

Um trabalho desenvolvido pelo pesquisador Manuel Moreira Baptista, entretanto, traz uma alternativa promissora para **o impasse**: o uso de animações em três dimensões. [...]

Por meio do software gratuito Blender, Baptista transformou diversos tópicos da Química em modelos gráficos tridimensionais com a proposta de simplificar seu entendimento por aprendizes e docentes. "Antes, o aluno tinha dificuldade de imaginar o que o professor estava dizendo. Ao mesmo tempo, o professor não sabia o que o aluno estava imaginando. Com as animações em 3D, **esse problema** deixa de existir", explica.

Segundo o pesquisador, como não existe padronização da União Internacional de Química Pura e Aplicada (IUPAC) para animações, o desafio inicial foi criar uma linguagem específica para a abordagem. Para isso, criou-se um conjunto de símbolos padronizados, semelhante ao nosso alfabeto. Para representar os átomos, foram adotadas determinadas cores e para representar os orbitais atômicos e moleculares – necessários para explicar como acontecem as reações químicas – foi criado um conjunto de códigos.

Fonte: Paiva, 2014, grifo nosso.

Expressões nominais são formas linguísticas que, em geral, constituem-se de um nome acompanhado de um determinante e funcionam como uma importante estratégia de referenciação textual. Por meio delas se operam remissões ou retomadas de elementos presentes na superfície linguística.

No texto "Química mais dinâmica", estão destacadas duas expressões nominais: *o impasse* e *esse problema*. Sobre elas, podemos dizer que:

a) são expressões sumarizadoras de conteúdo anteriormente expresso no texto.

b) ambas têm um teor avaliativo, mas a expressão *o impasse* apresenta maior grau de avaliação sobre a ideia retomada.
c) ambas se referem à limitação em relação à representação de aspectos tridimensionais de conceitos e modelos do universo microscópico da Química.
d) são recursos coesivos que remetem à ideia nuclear do texto.

4. Leia o texto a seguir:

> ### Desejo e necessidade
>
> A maioria da população tem desejos por "objetos" que ainda são acessíveis a poucos. Essa maioria imita o desejo de consumo da elite, minoria privilegiada, que não mais se preocupa em legitimar seus valores, partindo do princípio de que todos a eles se "converteram". Parte desse desejo é espelhado na publicidade com discursos persuasivos, que transformam o supérfluo em necessário, intensificando o conflito necessidade e desejo, como se a identificação do cidadão estivesse na sua identificação como consumidor. Alguns autores consideram esse desejo um **desejo mimético**, pois ele consiste no fato de que se deseja um objeto porque outro ser o deseja, constituindo uma relação de imitação do desejo alheio, podendo significar competição e até rivalidade – não havendo, portanto, o desejo pelo objeto em si. O contexto deste século é aparentemente perverso e sem sentido, prevalecendo a relação **desejo e mercado**, com o predomínio do individualismo, da ostentação, fatores intensificadores das desigualdades.

No texto, quando o autor assinala em aspas o termo "converteram" em "partindo do princípio de que todos a eles se 'converteram'", podemos inferir que o uso das aspas é:

a) um destaque para o emprego do termo no texto.
b) uma ideia já dita por outros, sendo o termo empregado em contexto específico.
c) um realce semântico da conversão da maioria em relação aos valores da elite.
d) uma marca discursiva que pode indiciar "uma transformação aparente".

5. A capacidade de resumir é uma das manifestações do processo de compreensão de textos e também da competência discursiva do leitor-resumidor. Para resumir, o leitor emprega diferentes regras de redução semântica, as quais dependem do seu domínio na avaliação das informações da estrutura global do texto.

Assinale a alternativa cuja afirmação **não** é pertinente:

a) Uma das estratégias empregadas para a escrita de resumos é a retirada de informações redundantes (apagamento).
b) A regra de generalização de ideias está associada às operações mais simples do processo de resumir.
c) Na estruturação do resumo podem ser empregadas regras de seleção e de invenção.
d) Na estrutura global do texto a ser resumido, as informações distribuem-se entre os níveis: trivial, redundante e importante.

Atividades de aprendizagem

Questões para reflexão

1. O texto a seguir é um fragmento dos *Parâmetros curriculares nacionais para o Ensino Médio*. Leia o trecho:

> O estudo dos gêneros discursivos e dos modos como se articulam proporciona uma visão ampla das possibilidades de usos da linguagem, incluindo-se aí o texto literário.
> Em uma situação de ensino, a análise da origem de gêneros e tempos, no campo artístico, permite abordar a criação das estéticas que refletem, no texto, o contexto do campo de produção, as escolhas estilísticas, marcadas de acordo com as lutas discursivas em jogo naquela época/local, ou seja, o caráter intertextual e intratextual.

Fonte: Brasil, 2000, p. 8.

Com base nesses argumentos, reflita sobre a criação estética e a função social de gêneros como o *cordel*. Para saber mais sobre o cordel, visite o *site*: <http://www.casaruibarbosa.gov.br/cordel/acervo.html>. Acesso em: 27 fev. 2015.

2. Leia o texto a seguir:

> A avaliação, o gosto, não se pode transmitir [...]. Quando a escola assim procede, o que se estimula é uma espécie de "atitude de turista" ante as obras literárias. Sabe-se que as obras são consideradas valiosas, mas na realidade não se é capaz de apreciá-las.

> Então se age como na visita guiada a um museu, na qual aos quadros famosos junta-se um grande grupo de turistas em atitude admirativa, embora esses espectadores reverentes não sejam capazes de assinalar, por seus próprios meios, o que diferencia esses quadros das pinturas vizinhas. [...]
> Não se trata, pois, de abandonar os alunos ao desfrute subjetivo do texto, a uma interpretação empobrecedoramente incomunicável, a uma constatação empírica se o efeito da leitura foi prazeroso ou não, através do acréscimo de perguntas do tipo: "Você gostou?" "Por quê?" "O que você mudaria?".

Fonte: Colomer, 2007, p. 146.

Reflita sobre o conteúdo do trecho destacado e descreva um significado para a expressão *atitude de turista*. Justifique seu comentário com elementos do texto.

Atividade aplicada: prática

A seguir, apresentamos um trecho do livro *Como um romance*, de autoria do escritor francês Daniel Pennac. O texto aborda a questão do tempo para a leitura. Leia o trecho destacado, reflita sobre o conteúdo e comente-o, apresentando o seu ponto de vista sobre o tempo disponível para a leitura, particularizando a reflexão sobre o seu tempo para a leitura.

> O tempo para ler é sempre um tempo roubado. (Tanto como o tempo para escrever, aliás, ou o tempo para amar.)
> Roubado a quê?
> Digamos, à obrigação de viver.

É sem dúvida por essa razão que se encontra no metrô – símbolo refletido da dita obrigação – a maior biblioteca do mundo.

O tempo para ler, como o tempo para amar, dilata o tempo para viver.

Se tivéssemos que olhar o amor do ponto de vista de nosso tempo disponível, quem se arriscaria? Quem é que tem tempo para se enamorar? E no entanto, alguém já viu um enamorado que não tenha tempo para amar?

Eu nunca tive tempo para ler, mas nada, jamais, pôde me impedir de terminar um romance de que eu gostasse.

A leitura não depende da organização do tempo social, ela é, como o amor, uma maneira de ser.

Fonte: Pennac, 1993.

Considerações finais

Esta obra teve como principal pauta o educador e sua ação pedagógica compreendida no contexto sociocultural, além de discussões sobre leitura, literaturas, expressões culturais e formações de leitores. O objetivo é habilitar os profissionais da educação no trabalho em prol da formação de leitores de culturas e literaturas variadas.

Propusemos que esse profissional esteja apoiado na ideia de que os quatro elementos que dão título à obra implicam uma noção de construção de sentidos, identificada ao longo da evolução dos estudos de linguagem, fundamentados, aqui, no universo da leitura e da formação de leitores, mas todos inseridos em um discurso maior: a promoção de uma educação voltada a um currículo assentado nos princípios da autonomia e centrado no **processo** pelo qual os sujeitos que compõem o ato didático são constituidores e orientadores de saberes e experiências acumuladas ao logo de sua existência, devendo se opor ao currículo assentado no princípio da racionalidade científica, centrado apenas nos **resultados** e nos aspectos quantitativos.

Vale dizer que, ao longo desta obra, os processos de condução e orientação para a construção de sentidos na compreensão de textos não apresentam uma linguagem arbitrária de enunciados, tampouco são instrumentalmente exclusivos e excludentes para outras construções discursivas do que seja leitura, literatura e formação de leitores, mas são parte integrante de expressões culturais advindas de um contexto sócio-histórico cultural específico, no caso, o contexto da sociedade contemporânea, que reclama por novas práticas socioeducativas, as quais sejam condizentes com os princípios e valores do paradigma atual da sociedade do século XXI, o qual, muitas vezes, põe em xeque a qualidade da eficiência e da eficácia do modelo de educação vigente.

> O atual paradigma da sociedade do século XXI tem revelado novos perfis de leitores e, consequentemente, novos agentes da educação que trazem consigo novos modelos de ensino e aprendizagem mediados pelo trabalho com as leituras das mais diversas literaturas, algo imprescindível para qualquer evento comunicativo. Ratificamos, portanto, a noção de que o homem se constitui *na* e *pela* linguagem, sendo esta última inerente à natureza humana e indispensável para a inserção comunicativa.

Nesse sentido, é preciso pensar o papel da linguagem, pois ela constrói e apresenta uma realidade apreendida pelos sentidos e por ele é (re)construída continuamente. O conflito gerado com o novo paradigma da era virtual da Sociedade da Informação e do Conhecimento do século XXI, o qual produz discursos que se mesclam a outros produzidos em diferentes contextos, chega, muitas vezes, à escola, enfrentando barreiras ou impactos que o levam ao engessamento, em função dos moldes tradicionais de ensino e aprendizagem. Esse contexto deve ser modificado, podendo ser ressignificado à luz das práticas de leitura e compreensão, bem como pela inserção no contexto escolar da circulação de textos digitais no âmbito do ensino.

Com essa discussão, cabe compreender que devemos – de posse da noção de gêneros do discurso e de suas tipologias ou sequências textuais, visto em capítulos anteriores desta obra – estudar a língua em seu movimento, ou seja, de modo vivo em suas enunciações, tomando a linguagem como elemento indispensável e mediador nas interações verbais entre os sujeitos, pois é por meio dela que os interlocutores de um evento comunicativo dialogam entre si.

> No que tange à literatura, devemos reafirmar a abordagem social da linguagem, visto que ela é a maior expressão do homem nas suas interações sociais com o meio em que vive e com a comunidade linguística à qual pertence. A literatura produzida apreendida pelos leitores brota, assim, do ser homem vivendo em sociedade, manifestando a sua cultura, os modos de ver a si próprio e o mundo.

Ela se materializa nos textos orais e escritos, sob uma perspectiva de constante evolução, uma vez que as diversas formas de manifestação da linguagem vão se alterando na medida em que as sociedades se modificam e ao tempo em que as práticas sociais cotidianas vão mudando e se adequando aos paradigmas sociais atuantes como modelos de pensamento e de conduta coletivos.

Nesse sentido, pensar a literatura hoje *no* e *para* o processo de formação dos leitores requer que não negligenciemos uma questão crucial que atravessa a educação nos dias atuais, recaindo diretamente na atividade dos profissionais em educação: a proposição curricular para uma sociedade da era da globalização, do conhecimento e da digitalização da informação.

Referências

ALMEIDA NETO, A. S. Relatos da caixa preta: representações como elemento da cultura escolar. **Educar em Revista**, Curitiba, n. 37, p. 173-189, ago./maio 2010. Disponível em: <http://www.scielo.br/scielo.php?script=sci_arttext&pid=S0104-40602010000200011>. Acesso em: 28 fev. 2015.

ANTUNES, I. **Língua, texto e ensino**: outra escola possível. São Paulo: Parábola, 2009.

APOTHÉLOZ, D. Nominalisations, référents clandestins et anaphores atypiques. In: BERRENDONNER, A.; REICHLER-BÉGUELIN, M. J. (Ed.). **Travaux neuchâtelois de linguistique**. Geneve: Tranel, 1995. p. 143-173.

APOTHÉLOZ, D.; REICHLER-BÉGUELIN, M. J. Construction de la référence et stratégies de désignation. In: BERRENDONNER, A.; REICHLER-BÉGUELIN, M. J. (Org.). **Du sintagme nominal aux objets-de-discours**. Neuchâtel: Université de Neuchâtel, 1995. Disponível em: <https://www2.unine.ch/files/content/sites/linguistique.francaise/files/shared/documents/DA_Construction.pdf>. Acesso em: 4 ago. 2014.

ARAUJO, J. C.; BIASI-RODRIGUES, B. (Org.). **Interação na internet**: novas formas de usar a linguagem. Rio de Janeiro: Lucerna, 2005.

ASSIS, M. de. **Memórias póstumas de Brás Cubas**. São Paulo: Globo Livros, 2008.

AZEREDO, J. C. de. **Ensino de português**: fundamentos, percursos, objetos. Rio de Janeiro: J. Zahar, 2007.

BAIXARIA, pontapés e socos adiam votação de meta fiscal no Congresso. **Jornal Expresso**, Camboriú, 3 dez. 2014. Capa.

BAKHTIN, M. **Marxismo e filosofia da linguagem**. 4. ed. São Paulo: Hucitec, 1988.

____. **Marxismo e filosofia da linguagem**. 14. ed. São Paulo: Hucitec, 2010.

____. Os gêneros do discurso. In: ____. **Estética da criação verbal**. 3. ed. São Paulo: Martins Fontes, 2003. p. 279-287.

BAKHTIN, M. **Problemas da poética de Dostoievsky.** 2. ed. Rio de Janeiro: Forense Universitária, 1997.

BAKHTIN, M.; VOLOSHINOV, V. N. **Marxismo e filosofia da linguagem.** São Paulo: Hucitec, 1997.

BARRETO, A. de A. **A questão da informação.** São Paulo: Perspectiva, 1997.

BARROS, M. de. **Poeminhas pescados numa fala de João.** 5. ed. Rio de Janeiro: Record, 2008.

BARTHES, R. **O rumor da língua.** Lisboa: Edições 70, 1984.

BERRENDONNER, A.; REICHLER-BÉGUELIN, M. J. (Org.). **Du sintagme nominal aux objets-de-discours.** Neuchâtel: Université de Neuchâtel, 1995.

BRANCO, A.; MOR, C. **Agente Zerotreze.** Rio de Janeiro: Globo, 2014.

BRANDÃO, L. Autores revelados pelo Wattpad, rede social literária, atraem a atenção de editoras brasileiras. **O Globo,** Rio de Janeiro, 2 dez. 2014. Segundo Caderno, p. 1. Disponível em: <http://oglobo.globo.com/cultura/livros/autores-revelados-pelo-wattpad-rede-social-literaria-atraem-atencao-de-editoras-brasileiras-14711030>. Acesso em: 27 fev. 2015.

BRASIL. Ministério da Educação. Secretaria de Educação Média e Tecnológica. **Parâmetros Curriculares Nacionais para o Ensino Médio.** Brasília, DF, 2000. Disponível em: <http://portal.mec.gov.br/index.php?option=com_content&id=12598%3Apublicacoes&Itemid=859>. Acesso em: 18 mar. 2015.

BRASIL. Ministério da Educação. Secretaria de Educação Média e Tecnológica. **PCN + Ensino Médio**: orientações educacionais complementares aos PCN na área de Linguagens, códigos e suas tecnologias. Brasília: Secretaria de Educação Média e Tecnológica, 2002. Disponível em: <http://portal.mec.gov.br/seb/arquivos/pdf/linguagens02.pdf>. Acesso em: 18 mar. 2015.

BRASIL. Ministério da Educação. Secretaria de Educação Básica. **PDE**: Plano de Desenvolvimento da Educação – Saeb – ensino médio: matrizes de referência, tópicos e descritores. Brasília: MEC; SEB; Inep, 2008. Disponível em: <http://portal.mec.gov.br/seb/arquivos/pdf/14_24.pdf>. Acesso em: 18 mar. 2015.

BRÍGIDO, C. AMB fará campanha para banir o "juridiquês" de tribunais brasileiros. **O Globo**, Rio de Janeiro, 10 abr. 2005. O País, p. 13.

BRONCKART, J. P. **Atividade de linguagem**, **textos e discursos**: por um interacionismo sociodiscursivo. São Paulo: Educ, 1999.

CANALE, M.; SWAIN, M. Theoretical Bases of Comunicative Approaches to Second Language Teaching and Testing. **Applied Linguistics**, v. 1, n. 1, p. 1-47, 1980.

CANÊDO, L. B. Escola versus cultura? **Educação e Pesquisa**, São Paulo, v. 35, n. 3, p. 435-447, set./dez. 2009.

CARTAS. **O Globo**, Rio de Janeiro, 3 set. 2014. Morar bem, p. 3.

CARVALHO, J. S. A teoria na prática é outra? Considerações sobre as relações entre teoria e prática em discursos educacionais. **Revista Brasileira de Educação**, v. 16, n. 47, p. 307-322, 2011.

CASTELLS, M. **A era da informação**: economia, sociedade e cultura. São Paulo: Paz e Terra, 1999.

CASTELLO, J. Literatura nas estrelas. **O Globo**, Rio de Janeiro, 6 dez. 2014. Caderno Prosa, p. 5.

CEREJA de Neve. 2011. Disponível em: <http://cerejadeneve.files.wordpress.com/2011/05/receita-cupcake-copy11.jpg>. Acesso em: 27 fev. 2015.

CHAGAS, H. Classificados. **O Globo**, Rio de Janeiro, 16 out. 2006. O País, p. 4.

CHARTIER, R. **A aventura do livro**: do leitor ao navegador. São Paulo: Fundação Unesp, 1998.

____. Introdução. In: CHARTIER, R. (Org.). **Práticas da leitura**. 2. ed. São Paulo: Estação Liberdade, 2001.

CHILLIBEANS. **Procura-se Eduardo**. 2009. Publicidade.

CHOMSKY, N. **Syntactic Structures**. The Hague: Mouton, 1957.

CLÍNICA CHABAD. Disponível em: <http://www.chabad.com.br>. Acesso em: 27 fev. 2015.

COLOMER, T. **Andar entre livros**: a leitura literária na escola. Tradução de Laura Sandroni. São Paulo: Global, 2007.

COMPAGNON, A. **O demônio da teoria**: literatura e senso comum. Belo Horizonte: Ed. da UFMG, 2001.

COSERIU, E. **Teoria da linguagem e linguística geral**: cinco estudos. São Paulo: Edusp, 1979.

DALEY, E. Expandindo o conceito de letramento. **Trabalhos em linguística aplicada**, Campinas, v. 49, n. 2, jul./dez. 2010. Disponível em: <http://www.scielo.br/scielo.php?script=sci_arttext&pid=S0103-18132010000200010&lng=en&nrm=iso>. Acesso em: 19 nov. 2014.

DEHAENE, S. **Os neurônios da leitura**: como a ciência explica a nossa capacidade de ler. Tradução de Scliar-Cabral. São Paulo: Penso, 2012.

DIAS, J. B. Língua e poder: transcrevendo a questão nacional. **Mana**, Rio de Janeiro, v. 8, n. 1, p. 7-27, abr. 2002.

DOLZ, J.; SCHEUWLY, B. **Gêneros orais e escritos na escola**. Campinas: Mercado de Letras, 2004.

DOMINGUES, J. M. Modernidade, tradição e reflexividade no Brasil contemporâneo. **Tempo Social**, São Paulo, v. 10, n. 2, p. 209-234, out. 1998.

DUCROT, O. **O dizer e o dito**. São Paulo: Pontes Editora, 1987.

EDITORA INSIGHT. Disponível em: <http://www.editorainsight.com.br/marinoticias/wp_content/uploads/2011/02/capa_classificados.jpg>. Acesso em: 27 fev. 2015.

EDITORIAL: Universidade com aspas. **Folha de S. Paulo**, São Paulo, 11 set. 2014. Disponível em: <http://www1.folha.uol.com.br/opiniao/2014/09/1514173-editorial-universidade-com-aspas.shtml>. Acesso em: 28 fev. 2015.

EDON. **Curso de leitura dinâmica e memorização**. Disponível em: <http://vps.edon.com.br/CURSO_MEMORIZACAO.htm>. Acesso em: 5 jan. 2015.

ELIAS, V. M. S. **Do hipertexto ao texto**: uma metodologia para o ensino de língua portuguesa a distância. 203 f. Tese (Doutorado em Língua Portuguesa) – Pontifícia Universidade Católica de São Paulo, São Paulo, 2000.

E-MAIL. **Revista @prender Virtual**, n. 12, ano 3, p. 45, maio/jun. 2003.

FAÇA o que der sem culpa. **Revista Ana Maria**, São Paulo: Abril, nov. 2013.

FADIMAN, A. **Ex-libris**: confissões de uma leitora comum. Tradução de Ricardo Quintana. Rio de Janeiro: Jorge Zahar, 2002.

FAILLA, Z. (Org.). **Retratos da leitura no Brasil 3**. São Paulo: Imprensa Oficial do Estado de São Paulo; Instituto Pró-Livro, 2012.

FARACO, C. A. **Norma culta brasileira**: desatando alguns nós. São Paulo: Parábola, 2008.

FOLHA DE S. PAULO. Disponível em: <http://classificados1.folha.com.br/empregos/busca?q=&type_number%5B%5D=61%3BVagas>. Acesso em: 14 set. 2014.

FOLHA DE S. PAULO. **Folha cartum**. 2013. Disponível em: <http://f.i.uol.com.br/folha/cartum/images/13318374.jpeg>. Acesso em: 4 ago. 2014.

FONSECA, M. S.; GARCIA, M. M. A.; LEITE, V. C. Teoria e prática na formação de professores: a prática como tecnologia do eu docente. **Educação em Revista**, v. 29, n. 3, p. 233-264, 2013.

FREGE, G. Sobre sentido e a referência. In: ____. **Lógica e filosofia da linguagem**. São Paulo: Cultrix/USP, 1978. p. 59-86.

FREI BETTO. **Dilemas da política econômica**. 2005. Disponível em: <http://resistir.info/brasil/frei_betto.html>. Acesso em: 28 fev. 2015.

FRÓES, L.; MONTI, R. Pega na mentira. **Rio Show**, Rio de Janeiro, 5 dez. 2014. Gastronomia, p. 4-6. Disponível em: <http://rioshow.oglobo.globo.com/gastronomia/eventos/pega-na-mentira-11893.aspx>. Acesso em: 28 fev. 2015.

GERALDI, W. **Portos de passagem**. 4. ed. São Paulo: Martins Fontes, 1997.

GOMES, C. Bichinhos de jardim. **O Globo**, Rio de Janeiro, 20 out. 2013. Segundo Caderno, p. 9.

GOODMAN, K. S. Reading: a Psycholinguistic Guessing Game. In: GUNDERSON, D. (Org.). **Language an Reading**. Washington: Center for Applied Linguistics, 1970.

GRAND HYATT RESIDENCES. **Convite**. 2014. Publicidade.

HYMES, D. On Communicative Competence. In: PRIDE, J. B.; HOMES, J. (Org.). **Sociolinguistics**. Hardmondsworth: Penguin, 1972.

ILARI, R. **A expressão do tempo em português**. 2. ed. São Paulo: Contexto, 2001.

INEP – Instituto Nacional de Estudos e Pesquisas Educacionais. Disponível em: <http://www.inep.gov.br>. Acesso em: 28 fev. 2015.

JENKINS, H. **Cultura da convergência**. 2. ed. São Paulo: Aleph, 2009.

JUNGBLUT, C.; LIMA, M. Tumulto suspende sessão para votar vetos e mudança da meta fiscal no Congresso. **O Globo**, Rio de Janeiro, 3 dez. 2014. Disponível em: <http://oglobo.globo.com/brasil/tumulto-suspende-sessao-para-votar-vetos-mudanca-da-meta-fiscal-no-congresso-14722305>. Acesso em: 28 fev. 2015.

KATO, M. A. **O aprendizado da leitura**. 4. ed. São Paulo: Martins Fontes, 1995.

KLEIMAN, A. **Leitura**: ensino e pesquisa. Campinas: Pontes, 1989.

KOCH, I. G. V. **A inter-ação pela linguagem**. 5. ed. São Paulo: Contexto, 2000.

KOCH, I. G. V. **Argumentação e linguagem**. 7. ed. São Paulo: Cortez, 2002.

KOCH, I. G. V. **Desvendando os segredos do texto**. São Paulo: Cortez, 2009a.

____. Linguagem e cognição: a construção e reconstrução de objetos-de-discursos. **Veredas – Revista de estudos linguísticos**, Juiz de Fora, Minas Gerais, n. 1, v. 6, p. 29-42, 2009b.

____. Os gêneros do discurso. In: ____. **Desvendando os segredos do texto**. São Paulo: Cortez, 2002. p. 53-60.

KOCH, I. G. V.; MARCUSCHI, L. A. Processos de referenciação na produção discursiva. **D.E.L.T.A.**, 14 (n. esp.), p. 169-190, 1998.

KOCH, I. G. V.; SILVA, M. C. P. de S. **Linguística aplicada ao português**: morfologia. 8. ed. São Paulo: Cortez, 1995.

KOCH, I. G. V.; TRAVAGLIA, L. **A coerência textual**. São Paulo: Contexto, 1990.

____. **Texto e coerência**. São Paulo: Cortez, 1989.

KORLES, P. A. Patterns Analysing Disability in Poor Readers. **Developmental Psychology**, v. 11, n. 3, p. 282-290, maio 1975.

KRESCH, D. **Regras da atração**. O globo, 17 nov. 2013, p. 45.

KRESS, G.; VAN LEEUWEN, T. **Reading Images**: the Grammar of a Visual Design. London: Routledge, 1996.

LEVY, P. **A inteligência coletiva**: por uma antropologia do ciberespaço. São Paulo: Loyola, 1994.

____. **As tecnologias da inteligência**: o futuro do pensamento na era da informática. São Paulo: Editora 34, 1993.

LEVY, P. **Cibercultura**. São Paulo: Editora 34, 1999.

____. **O que é o virtual?**. São Paulo: Editora 34, 1996.

LIDICE-BÁ. Faça o que der, sem culpa!, **Revista Ana Maria**, nov. 2013.

LIMA, A. O ensino da literatura e a pedagogia do digesto. In: LIMA, A. et al. (Org.) **O direito à literatura**. Recife: Ed. Universitária da UFPE, 2012. p. 46. v. 3.

LOPES, C. R. Repensando os saberes: mudanças nos paradigmas epistemológicos e a formação de professores de língua estrangeira. **Revista Brasileira de Linguística Aplicada**, Belo Horizonte, v. 13, n. 3, p. 941-962, jul./set. 2013.

LUCCHESI, D. Um erro crasso de ortografia. **Folha de S. Paulo**, set. 2014. Opinião.

LÜDTKE, S. O que muda no novo Twitter. 14 dez. 2011. Disponível em: <http://interatores.com/2011/12/14/o-que-muda-no-novo-novo-twitter>. Acesso em: 28 nov. 2014.

MACEDO, E. Currículo como espaço-tempo de fronteira cultural. **Revista Brasileira de Educação**, Rio de Janeiro, v. 11, n. 32, p. 285-296, mai./ago. 2006.

____. Currículo e conhecimento: aproximações entre educação e ensino. **Cadernos de Pesquisa**, v. 42, n. 147, p. 716-737, 2012.

MAINGUENEAU, D. **Análise de textos de comunicação**. 2. ed. São Paulo: Cortez, 2002.

MAINGUENEAU, D. **Doze conceitos em análise do discurso**. São Paulo: Parábola, 2010.

____. Tipos e gêneros de discurso. In: ____. **Análise de textos de comunicação**. São Paulo: Cortez, 2001. p. 59-70.

MARCUSCHI, L. A. **Da fala para a escrita**: atividades de retextualização. São Paulo: Cortez, 2001.

____. **Linearização, cognição e referência**: o desafio do hipertexto. São Paulo: Global, 2000.

MARCUSCHI, L. A. **Produção textual, análise de gêneros e compreensão**. São Paulo: Parábola, 2008.

____. Referência e cognição: o caso da anáfora sem antecedente. In: ENCONTRO DE LINGUÍSTICA, 1998, Juiz de Fora. **Anais**... Juiz de Fora: UFJF, 1998.

MARCUSCHI, L. A.; XAVIER, A. C. **Hipertexto e gêneros digitais**: novas formas de construção de sentido. 3. ed. São Paulo: Cortez, 2010.

MARTINS, M. S. C. Avanços e retrocessos nas propostas de ensino de Língua Portuguesa: questões de ideologia e de poder. **Linguagem em (Dis)curso**, Tubarão, v. 8, n. 3, p. 519-539, set./dez. 2008.

MEIRELES, C. Boneca. In: ____. **Criança meu amor**. 2. ed. Rio de Janeiro: Nova Fronteira, 1977. p. 65-66.

____. **Problemas da literatura infantil**. Rio de Janeiro: Nova Fronteira, 1984.

MEYER, B. J. F. **The Organization of Prose and its Effects on Memory**. Amsterdam: North Holland, 1975.

____. What is Remembered from Prose: A Function of Passage Structure. In: FREEDLE, R. O. (Org.). **Discourse Production and Comprehension**: Advances in Research and Theory. New Jersey: Abley, 1977.

MIZUNO. **Eu nunca mais vou reclamar**. 2014. Publicidade.

MONDADA, L. Gestion du Topic et Organisation de la Conversation. In: KOCH, I. G. V.; MORATO, E. M. (Org.). **Cadernos de estudos linguísticos**. Campinas: IEL/Unicamp, jul./dez. 2001. p. 7-36.

MORIN, E. **A cabeça bem-feita**: repensar a reforma, reformar o pensamento. 8. ed. Rio de Janeiro: Bertrand Brasil, 2003.

MUILAET. A boneca Guilhermina. In: _____. **As reportagens de Penélope**. São Paulo: Companhia das Letrinhas, 1997. p. 17.

NEVES, M. H. M. de. **Gramática de usos do português**. São Paulo: Ed. da Unesp, 2000.

O QUE você pode fazer para que seus alunos escrevam com competência. **Revista Nova Escola**, São Paulo: Abril, 1998. Edição especial. p. 12.

OSAKABE, H.; FREDERICO, E. Y. **Literatura**. Orientações curriculares do Ensino Médio. Brasília: MEC/ SEB/DPPEM, 2004.

PAIVA, T. Química mais dinâmica. **Carta na Escola**, São Paulo, v. 92, nov. 2014. Disponível em: <http://www.cartanaescola.com.br/single/show/462/quimica-mais-dinamica>. Acesso em: 28 fev. 2015.

PENNAC, D. **Como um romance**. Rio de Janeiro: Rocco, 1993. p. 118-119.

PETRONI, M. R. (Org.). **Gêneros do discurso, leitura e escrita**: experiências de sala de aula. São Carlos: Pedro e João Editores, 2008.

PRATA, A. Garagem. Folha de S. Paulo, 21 nov. 2014. Disponível em: <http://www1.folha.uol.com.br/colunas/antonioprata/2014/09/1519551-garagem.shtml>. Acesso em: 28 fev. 2015.

PROTESTE na estrada: problemas nas vias podem deixar a viagem insegura. **Proteste**, v. 130, nov. 2013.

PROTESTE. n. 134, abr. 2014a.

PROTESTE. Ano XIII, n. 142, dez. 2014b.

RAPAZ ganha causa, mas não recebe a grana. **Jornal Expresso**, Camboriú, 3 dez. 2014. Fique de Olho, p. 8.

RIBEIRO, J. U. O velho viajante. **O Globo**, Rio de Janeiro, 30 mar. 2014. Opinião. Disponível em: <http://oglobo.globo.com/opiniao/o-velho-viajante-12027150>. Acesso em: 28 fev. 2015.

RIBEIRO, M. P. **Gramática aplicada da língua portuguesa**. 22. ed. Rio de Janeiro: Metáfora, 2013. p. 40-42.

ROCHA, H. H. P. Prescrevendo regras de bem viver: cultura escolar e racionalidade científica. **Cadernos Cedes**, v. 20, n. 52, p. 55-73, nov. 2000.

ROJO, R. (Org.). **A prática de linguagem em sala de aula**: praticando os PCN. Campinas: Mercado das Letras, 2000.

ROJO, R.; MOURA, E. (Org.). **Multiletramentos na escola**. São Paulo: Parábola Editorial, 2012.

ROSENFELD, A. **Estrutura e problemas da obra literária**. São Paulo: Perspectiva, 1976.

S139. **Consultoria empresarial**. 2014. Disponível em: <http://www.s139.com.br/euachei_imagens/artes/infografia-11.jpg>. Acesso em: 28 fev. 2015.

SAINT-EXUPÉRY, A. de. **O pequeno príncipe**. São Paulo: Agir, 2000.

SCLIAR, M. No Retiro da Figueira. In: ____. **Contos reunidos**. São Paulo: Companhia das Letras, 1995. © by herdeiros de Moacyr Scliar.

SENNA, L. A. G. Teoria geral de classes de palavras. Curitiba: InterSaberes, 2012. (Coleção Complexidade Lexical e Teoria de Classes de Palavras; v. 1).

SENNA, L. A. G. Estruturas passivas e estratégias discursivas: contribuições ao debate sobre letramento no ensino médio. **Filologia e linguística portuguesa**, São Paulo, v. 15 (1/2), 2013.

SERRA, J.; OLLER, C. Estratégias de leitura e compreensão do texto no ensino fundamental e médio. In: TEBEROSKY, A. et al. **Compreensão de leitura**: a língua como procedimento. Porto Alegre: Artmed, 2003.

SERTANIA VIP. Disponível em: <http://sertaniavip.blogspot.com.br>. Acesso em: 27 fev. 2015.

SILVA, M. **Sala de aula interativa**. Rio de Janeiro: Quartet, 2003.

TODOROV, T. **A literatura em perigo**. Tradução de Caio Meira. Rio de Janeiro: Difel, 2009.

____. Literatura não é teoria, é paixão. **Bravo!**, ano 12, n. 150, p. 38-39, fev. 2010.

TRAVAGLIA, L. C. Tipelementos e a construção de uma teoria tipológica geral de textos. In: BASTOS, N. M. O. B.; FÁVERO, L. L.; MARQUESI, S. C. (Org.). **Língua Portuguesa:** pesquisa e ensino. São Paulo: Educ, 2007. p. 97-117.

VAMOS aumentar os índices de leitura do Brasil?. **Prêmio RBS de Educação**, 17 ago. 2014. Disponível em: <http://www.premiorbs deeducacao.com.br/2014/08/17/vamos-aumentar-os-indices-de-leitura-do-brasil-22>. Acesso em: 28 fev. 2015.

VAN DIJK, T. A. **Cognição, discurso e interação**. 3. ed. São Paulo: Contexto, 2000.

____. **Text and Context**. Explorations in the Semantics and Pragmatics of Discourse. London: Longman, 1977.

VAN DIJK, T. A.; KINTSCH, W. Comment on se rappelle et on résume des histoires. **Langages**, Paris: Didier- Larousse, n. 40, p. 98-116, 1975.

____. **Strategies of Discourse Comprehension**. New York: Academic Press, 1983.

XAVIER, A. C. **A era do hipertexto**: linguagem e tecnologia. Recife: Editora Universitária da UFPE, 2009.

Bibliografia comentada

Para o acompanhamento mais aprofundado dos argumentos expostos neste livro, apresentamos uma síntese do conteúdo de alguns títulos, selecionados com base na lista de referências.

BAKHTIN, M. Os gêneros do discurso. In: ____. **Estética da criação verbal**. 3. ed. São Paulo: Martins Fontes, 2000. p. 279-287.

Assunto: Gêneros textuais.

"Estética da criação verbal" é um livro de referência para o tema gêneros do discurso. O capítulo indicado é fundamental para a compreensão

do assunto, apresentando uma abordagem para os gêneros como enunciados presentes em todas as relações de interação social. O assunto é desenvolvido com o esclarecimento de questões, como conteúdo temático, estilo, plano composicional e estrutura, elementos essenciais que compreendem a dimensão organizacional do gênero.

BAKHTIN, M.; VOLOSHINOV, V. N. **Marxismo e filosofia da linguagem**. São Paulo: Hucitec, 1997.

Assunto: Linguagem; dialogismo; polifonia; enunciação.

Esse livro foi publicado pela primeira vez em 1929 como sendo de autoria de V. Voloshinov, porém, na década de 1960, Mikhail Bakhtin se declarou como o verdadeiro autor do livro, sendo sua autoria questionada até hoje. Algumas editoras optaram por publicar a obra com os nomes dos dois autores: Bakhtin-Voloshinov. No livro, o autor trata da natureza do signo linguístico, da enunciação e das formas do discurso reportado. Quanto à natureza do signo linguístico, Bakhtin, ou Voloshinov, defende que este é um produto ideológico, isto é, todo signo linguístico porta uma carga ideológica, não havendo, pois, signos neutros. O autor sentencia (Bakhtin, 2010, p. 32): "um signo não existe apenas como parte de uma realidade; ele também reflete e refrata uma outra". Portanto, o signo linguístico, segundo a concepção bakhtiniana, vem sempre carregado de visões de mundo, preconceitos e crenças dos seus usuários.

DEHAENE, S. **Os neurônios da leitura**: como a ciência explica a nossa capacidade de ler. Tradução de Leonor Scliar Cabral. Porto Alegre: Penso, 2012.

Nesse livro, Dehaene faz um estudo aprofundado a respeito dos neurônios cerebrais e como eles são adaptados para a leitura. O autor explicita de forma detalhada e complexa o funcionamento de nosso cérebro e como ele se estrutura em redes neuronais para as operações requeridas pela leitura. Embasando-se nas neurociências e na psicologia cognitiva, Dehaene descreve o processamento da leitura desde o momento em que os olhos, com movimentos rápidos e sacádicos, percorrem a página de um livro, até o reconhecimento da invariância das letras. Trata do acesso à pronúncia, do reconhecimento dos morfemas, terminando por concretizar-se com a mecânica humana da leitura.

Ao longo dos capítulos, Dehaene descreve a forma como lemos, realizando um mapeamento do nosso cérebro com o intuito de demonstrar que todos nós lemos com o mesmo circuito cerebral. Ancorando-se nos estudos da neuropsicologia, esse autor apresenta as duas vias da leitura que existem em todos os sistemas de escrita: a via fonológica e a via direta.

KATO, M. **O aprendizado da leitura**. São Paulo: Martins Fontes, 1995 [1985].

Assunto: Leitura; aprendizagem da leitura; leitura e alfabetização.

Em "O aprendizado da leitura", Kato (1995 [1985]), com base em uma visão psicolinguística, apresenta a leitura em seus processos de aquisição. São oito capítulos que compõem a obra, os quais tratam, em sentido geral, sobre alfabetização, processos gerais hipotetizados para a leitura e a alfabetização.

Entre as abordagens apresentadas, estão: 1. a alfabetização e a preocupação da escola em ensinar a ler e a escrever; 2. o relato de experiência de aquisição da língua portuguesa pela própria autora (brasileira, filha de pais japoneses); 3. o processo de antecipação leitora (adivinhação) com base em conhecimentos prévios do leitor; 4. os processos de decodificação e sua relação entre a informação nova e o conhecimento prévio do leitor; 5. a leitura como processo de reconstrução do planejamento do discurso por parte do escritor; 6. a apresentação de estratégias para a compreensão de textos e de interpretação de sentenças; 7. algumas estratégias gramaticais e lexicais na leitura em língua estrangeira (aplicáveis também ao português); e 8. o papel de estratégias cognitivas e metacognitivas na aprendizagem.

KOCH, I. G. V. **A inter-ação pela linguagem**. 5. ed. São Paulo: Contexto, 2000.

Assunto: Enunciado; argumentação; marcadores discursivos; progressão temática; texto e construção.

Trata-se de um livro que apresenta uma perspectiva mais aplicada das teorias do texto. Argumentos sobre a interação autor–texto–leitor são expostos com exemplos em que os recursos linguísticos são trazidos e comentados, evidenciando seu funcionamento no texto como marcadores ou modalizadores discursivos. A obra é uma importante contribuição para o estudo do texto e das práticas de escrita, destacando, principalmente, as perspectivas da orientação argumentativa e também algumas estratégias para a boa comunicação: qualidade, concisão e clareza.

KOCH, I. G. V. **Desvendando os segredos do texto**. São Paulo: Cortez, 2009.

Assunto: Texto; construção de sentidos; estratégias textuais; referenciação; gêneros textuais; progressão textual.

À autora, Ingedore Koch, interessa apresentar nesse livro os fundamentos teóricos sobre os estudos do texto, destacando uma abordagem sob a perspectiva sociocognitiva da linguagem, ou seja, uma confluência de aspectos cognitivos, linguísticos e socioculturais para uma construção de sentidos na relação entre linguagem e mundo. A abordagem para o texto perpassa essa condução teórica, investigando variáveis como sujeito, texto, sentido e contexto, as quais apresentam conceitos interligados que colaboram de modo dialético no processamento de sentidos por meio da linguagem.

KOCH, I. G. V.; ELIAS, V. M. **Ler e compreender**: os sentidos do texto. São Paulo: Contexto, 2006.

Assunto: Leitura; construção de sentidos; compreensão; estratégias de compreensão; progressão textual.

As autoras apresentam o texto como um espaço de interação social entre os sujeitos. Nele, os sentidos se estabelecem, dialogicamente, durante o processo de leitura. Para defender esse conceito de texto, elas partem de uma concepção interacional de dialógica de sujeito, de língua e de texto. Os sujeitos leitores atuam como atores sociais que se constituem e são construídos pelo texto; para tal atuação, eles se utilizam de estratégias de leitura, como seleção, antecipação, inferência e verificação, que acionem e ampliem seus conhecimentos necessários ao processamento de sentidos.

Gabarito

Capítulo 1

Atividades de autoavaliação

1. **d.** Todas as alternativas estão corretas. Por meio da leitura das alternativas, é possível reconhecer informações que ampliam o aprendizado e a transferência das características sobre a sequência injuntiva para outros gêneros que apresentem as mesmas propriedades. Essa transposição de conteúdos contribui para o processo de autoavaliação.

2. **c**. O objetivo da atividade é identificar os propósitos comunicativos de uma sequência injuntiva. Os gêneros injuntivos são textos cujos conteúdos pretendem induzir atos e tratam de um fazer prático; o produtor objetiva explicitar ideias sobre um agir e um saber, sobre modos de agir; em geral, descreve ações, dá instruções, prescreve, orienta. Caracteriza-se por uma estrutura linear e apresenta uma redação com períodos simples e curtos, visando à clareza no discurso. Outra característica notada nesses textos é a natureza dialógica e, muitas vezes, há a neutralidade no tratamento discursivo ou uma informalidade, percebida no uso do pronome de tratamento *você* explícito ou subentendido. O objetivo comunicacional que se destaca é convencer ou persuadir o leitor a fazer algo. Com a leitura das alternativas propostas, percebemos que todas apresentam propósitos comunicativos pertinentes ao modo textual injuntivo, sendo todas, portanto, verdadeiras.

3. **c**. O objetivo da atividade é identificar características do texto injuntivo, marcas linguísticas e enunciativas. Nos segmentos injuntivos, o produtor do texto intenciona que o interlocutor aja de determinado modo e em dada direção. Essa intenção se materializa nas escolhas e propriedades linguísticas do texto – como a presença de formas verbais no subjuntivo, no infinitivo e no futuro do presente e de verbos modais (auxiliares do verbo principal que indicam o modo como se realiza ou se deixa de realizar a ação verbal) –, bem como na perspectiva da enunciação, cujo objetivo é sempre fazer com que o interlocutor realize a ação orientada, instruindo-o. Nesse sentido, o foco do texto não está na produção do locutor, e sim no leitor. Assim, todas as alternativas apresentam conteúdos pertinentes.

4. **a**. As atividades comunicativas desempenhadas pelos sujeitos, quando em interação com a linguagem, geram formas de organização

discursivas que correspondem aos gêneros. Essas formas são atividades de linguagem que se cristalizam como modos textuais que se repetem em situações comunicativas, tornando-se recorrentes. Elas passam a ser dotadas de padrões sociocomunicativos bem definidos e repetidos, dentro desses padrões, pelos falantes. Isso faz com que as formas se cristalizem em gêneros – razão por que um dos elementos que configura um gênero como tal é a sua recorrência ou seu uso na prática comunicativa. No caso da questão proposta, embora todas as alíneas apresentem conteúdos válidos sobre os gêneros, o que melhor responde ao enunciado é a **alternativa a**.

5. **d**. Nesta seção, destinada à participação dos leitores, em geral, há respostas, apresentação de dúvidas e reclamações. Supõe-se que a carta modelo "Transferência de inadimplente" seja uma resposta para uma dúvida exposta anteriormente, em outro número da revista. Na carta, há o propósito comunicativo de informar e orientar sobre a elaboração de texto específico. O discurso que se organiza é mais formal, sendo, portanto, conforme o estudo aqui realizado, um discurso comum à esfera de um gênero secundário. Há uma função social cumprida pela revista, que é a de defender o consumidor de práticas abusivas no mercado, por isso o compromisso com a orientação. Trata-se de uma carta-modelo com indicações detalhadas de como fazer uma carta de solicitação. No modelo, apresenta-se a estrutura conforme as normas técnicas de elaboração, sobre as quais o interlocutor comenta, tal qual um manual de redação, por meio de um discurso de natureza injuntiva. A carta mescla sequências discursivas, descritiva, injuntiva, narrativa e argumentativa, sobressaindo-se as sequências descritiva e injuntiva. É bom observar que essas sequências discursivas se entrecruzam na revista, como suporte, sendo interdependentes na formação do todo textual, que

constitui um gênero de caráter informativo o qual integra uma seção da revista.

Capítulo 2

Atividades de autoavaliação

1. **c.** A estratégia empregada neste anúncio foi a incorporação de outro gênero. Para anunciar o imóvel, utiliza-se a forma de um convite – podendo ser um meio de maior aproximação com os interlocutores –, mas prevalece a função de anunciar e persuadir o leitor. Assim, assume a função discursiva de anunciar, razão por que se pode dizer que todas as assertivas propostas estão corretas.

2. **a.** É importante o entendimento de que o gênero contém caráter convencional e inovador. Convencional porque apresenta estrutura e formas estabelecidas de acordo com as atividades linguísticas e com as funções comunicativas estabelecidas em determinado contexto. Inovador porque a produção dos enunciados é variável e flexível no dinamismo da língua e no crescimento social e tecnológico. No entanto, apesar de ter essa realização da língua em ação pelos sujeitos, há uma função que se realiza em uma forma pré-existente que é sempre mobilizada para os novos modos textuais empíricos ou novos gêneros. Sendo assim, podemos afirmar que o *e-mail* tem como base os gêneros *carta* e *bilhete*. É o caso de uma ancoragem em gêneros já existentes, tendo, no entanto, identidade própria. Trata-se de um gênero do contexto midiático cuja escrita eletrônica tem interferência direta da oralidade. Com essas informações, as alternativas apresentadas listam conteúdos pertinentes ao texto base.

3. **e.** O objetivo da atividade é reconhecer que um gênero textual pode atender a um conjunto de propósitos comunicativos. Como

os gêneros correspondem às mudanças e às necessidades da cultura e da sociedade, eles servem aos propósitos comunicativos que atendem ao dinamismo presente nessas mudanças. Assim, revelam traços característicos que permitem dizer que os propósitos são múltiplos, podendo ser um conjunto deles. No caso do texto publicitário, isso é comum, pois, muitas vezes, o produtor do texto não quer somente vender um produto; ele quer envolver os clientes, convencer, persuadi-los da eficácia de tais produtos. Em relação ao texto "Procura-se Eduardo", a ideia foi mostrar-se a serviço da sociedade: o anúncio foi criação de Caito Maia, diretor superintendente da Chilli Beans, que encontrou o produto que estava dentro de um estojo, com sua garantia assinada. A proposta é, a princípio, a busca de Eduardo, cliente que perdeu seus óculos no temporal no dia 3 de setembro de 2009, em São Paulo. Encontrar Eduardo para a devolução dos óculos – e não óculos quaisquer, mas os da marca Chilli Beans – é uma via condutora para o propósito do anúncio que é vender seu produto. Nesse anúncio, não apenas estão embutidos propósitos como anunciar, informar, mas também dimensões ideológicas e sociais. Para a questão, todas as alternativas apresentam conteúdos válidos, mas atendendo ao argumento do texto-base, em relação à imbricação de propósitos (anunciar e informar), a alternativa que deverá ser marcada por ter a sentença que apenas destaca o aspecto persuasivo do texto, sem atentar para a imbricação do gênero, tema comentado no texto-base, é a alternativa **e**, visto que apresenta a sentença na qual se afirma apenas um propósito comunicativo: "Como texto publicitário, esse anúncio tem o propósito comunicativo de persuadir o leitor ao anunciar produtos da Chilli Beans".

4. **d**. O gênero *carta do leitor* tem como uma de suas características a subjetividade, por expressar a opinião do leitor, a argumentação sobre fatos, acontecimentos e seu cotidiano. O texto apresenta recursos

linguísticos, como expressões atitudinais, operadores lógicos e adjetivos que marcam a expressividade do leitor no texto. Desse modo, das alternativas apresentadas, a que se distancia das características do gênero *carta do leitor* é a que o lista como um "um gênero de natureza objetiva para o locutor expressar unicamente o conteúdo da mensagem".

5. **a**. Algumas das características que compreendem o gênero jornalístico é a intenção de noticiar algo, tendo como conteúdo temático um anúncio de compra, venda, locação de serviços, produtos diversos, empregos etc. Sua forma de organização discursiva vincula-se à sequência descritiva. Na questão proposta, o texto apresenta os atributos necessários para ocupar a vaga de emprego, exemplificando descrições pertinentes à função sociocomunicativa do gênero: divulgar por meio da descrição do que ele precisa para a vaga anunciada. A composição do anúncio varia de acordo com o conteúdo e o tema, que são apresentados em uma linguagem simples, de modo objetivo e claro. Assim, a proposição que não está de acordo com as características desse gênero é a IV: "Apresentam uma linguagem subjetiva".

Capítulo 3

Atividades de autoavaliação

1. **d.** Os textos são constituídos por unidades estruturais de sentido, ou proposições, as quais podem combinar entre si formando blocos caracterizadores das sequências textuais que, em sua composição, assumem funções específicas. Elas podem assumir funções como: narrar, argumentar, descrever, orientar, explicar, dialogar etc. Como são unidades diversas, um mesmo texto pode ter mais de

uma sequência textual, sendo caracterizado, assim, por heterogeneidade composicional. É o caso do exemplo "Faça o que der, sem culpa". É um editorial constituído por diferentes sequências. O início se caracteriza com o propósito de apresentar o assunto do texto; conta-se, narra-se, portanto, o que se irá abordar nele: "a cena a seguir é real e aconteceu numa loja de roupas. Olha só:". Na sequência do texto, abre-se espaço para a inserção de fala de participantes da situação, descreve-se o que acontece na cena: (1) Que blusa linda! (2) É linda mesmo. Mas não vou levar. (1) Nossa, por quê? Cê tá doente? (2) Não, tô curada. O enunciador retoma o texto tecendo comentários e dissertando sobre o episódio: "Amei a resposta dessa irmã que se diz curada do consumismo […] Aliás nessa época a gente costuma ficar maluca pra deixar tudo em ordem, né?". Finaliza-se a proposta comunicativa com uma unidade de sentido central para o editorial, que é apresentar e orientar, caracterizando a sequência injuntiva: "Pensando nisso, criamos um guia de organização doméstica com mais de 100 dicas pra deixar sua casa tinindo até o Natal. Não precisa cumprir tudo, claro. Basta cuidar do mais importante e dividir". Apesar de os textos poderem apresentar mais de uma unidade sequencial, é importante observar que haverá nele uma sequência dominante. Neste exemplo, portanto, temos a seguinte composição sequencial: narração, descrição, dissertação e injunção.

2. **c.** O objetivo da atividade é identificar o gênero com a função de outro gênero, isto é, o intergênero. O texto "Classificados poéticos" é uma mescla que apresenta um texto de classificados no formato de um poema. O predomínio da **função** (divulgação), no gênero *classificados*, destaca-se em relação à ideia que temos da **forma** (estrutura e composição) do poema. No entanto, a linguagem figurada, expressa no conteúdo do texto, mantém o universo do literário,

o qual nos induz a perceber que, embora haja o imbricamento forma e função, o texto se apresenta como classificados, apesar de ter a estrutura de um poema, pois o que está se acentuando é a sua função comunicativa.

3. **c.** O objetivo da atividade é reconhecer as características do texto instrucional. Todas as alternativas apresentadas estão corretas, pois se trata de assertivas que descrevem as características do texto instrucional, de sequência injuntiva, ou seja, o texto cujo propósito é orientar, instruir e fazer com que um comando seja executado pelo interlocutor para quem uma mensagem é dirigida.

4. **a.** As línguas faladas por qualquer comunidade exibem variações, pois a diversidade linguística é constitutiva do fenômeno linguístico. As variedades linguísticas podem ser descritas com base em dois parâmetros básicos: a **variação geográfica** (ou diatópica) e a **variação social** (ou diastrática). A variação geográfica (ou diatópica) se relaciona às diferenças linguísticas que dizem respeito ao espaço físico ao qual pertence o falante, observadas entre falantes de localidades distintas. A variação social (ou diastrática) se relaciona a fatores que têm a ver com a identidade dos falantes (feminino/masculino, gerações) e, ainda, com a organização sociocultural da comunidade (classe social, contexto social). Ao considerarmos essas afirmações sobre a diversidade linguística, podemos perceber que se trata de um jovem falando com seus pais, um casal adulto, empregando uma linguagem informal, que apresenta a gíria (variedade criada quase sempre por um grupo social) *caraca*. É possível afirmar que a linguagem empregada se caracteriza pela identidade social do falante (faixa etária) e também pelo ambiente social de fala (contexto informal, ambiente familiar). O termo *caraca* não é pertinente a uma localização geográfica em particular porque não

é específico de uma região nem se pode dizer que é único de um grupo social, pois seu uso não é restrito a um grupo social específico. Desse modo, as alternativas que poderiam responder a questão são: a) identidade social do falante e b) ambiente social. No entanto, a mais exata é a alternativa **a**.

5. **c**. O objetivo da atividade é verificar como a construção dos modos de dizer no texto podem influenciar a opinião do leitor. A compreensão dos gêneros textuais e da forma como os discursos nele são constituídos se relaciona com aspectos inerentes aos contextos sociais, políticos e culturais. Observamos que a manchete apresentada veicula uma notícia muito comum em época de eleição. De modo mais específico, ela se apresenta no texto podendo atender a vários propósitos, desde noticiar até induzir o leitor quanto ao entendimento de práticas desmoralizantes dos políticos, por exemplo, a oferta de empregos em troca de votos. Por esse raciocínio, todas as alternativas apresentadas estão corretas em relação à manchete. Essa leitura, depreendida por estratégia inferencial, mostra como a construção do discurso no texto cumpre uma função social importante na visão crítica da realidade.

Capítulo 4

Atividades de autoavaliação

1. **a**. O produtor utilizou um nome qualificador, *esquizofrênico*, que denota dissociação, discordância. No texto, o termo intensifica a incoerência apresentada na condição de centros de ensino como universidades, quando, na verdade, eles não correspondem às exigências que uma instituição daquela natureza deve ter, como dedicar-se à produção científica e ao ensino de caráter extensionista,

e não especificamente profissionalizante, com uma missão para o mercado e não para a formação científica. Assim, as alternativas propostas na questão apresentam conteúdos corretos em relação à ideia do texto-base.

2. **a**. O emprego de aspas é um recurso linguístico marcador de polifonia, indicando a presença de discursos diferentes ou um distanciamento em relação a esses discursos. É uma marca que tem um funcionamento argumentativo importante, denunciando um modo de ver do locutor sobre os fatos contados por meio de ironias, avaliações etc. Desse modo, todas as proposições estão corretas.

3. **c**. As proposições elencadas tratam do texto literário como importante meio de formação leitora, sendo ele, ao mesmo tempo, um reflexo da cultura e uma forma de mediação do indivíduo com a sua realidade. Dessa forma, as ideias apresentadas têm conteúdos verdadeiros.

4. **b**. O uso de parênteses é considerado uma estratégia na construção de sentidos no texto. A inserção de frases independentes no texto, as quais não apresentam uma conexão explícita, mas inferida, é vista como um recurso de interação na produção textual. No caso desse texto, o locutor interrompe o fluxo informacional e interage com o seu leitor, confirmando o que pressupõe ser incrédulo para o leitor – "(sim, tem gente que diz isso no rótulo)" – e prossegue valendo-se do mesmo recurso para explicitar sua ironia – "feliz e contente (como uma abelha!)". Esses encaixes possibilitam ao leitor uma compreensão mais próxima do que é discutido pelo locutor, que, em geral, por meio dessa estratégia, insere-se ainda mais no texto. No entanto, não se pode deixar de notar que há uma quebra no contínuo da progressão textual, pois a inserção pode romper com o dito ou se desdobrar em relação a ele. Ao romper, a relação

sintática também ficará comprometida. Sendo assim, todas as afirmações apresentadas estão corretas.

5. **a.** A questão III está incorreta, pois a sugestão do discurso na receita traz implícito um comando para a execução de uma tarefa a ser feita no futuro posterior ao momento do que se diz. Por isso, podemos dizer que há dois planos: um momento de dizer em que se prescreve o que fazer, e outro de inferir que se espera uma ação futura que se delineia no plano discursivo da injunção, característico do gênero receita.

Questões para reflexão

1. O objetivo da atividade é apresentar uma realidade do comportamento leitor do brasileiro. Com os dados, é possível observar que há leitores no Brasil, embora não seja um número significativo em relação a outros países e em relação ao que se deve esperar tomando a perspectiva da leitura de livros e concebendo a leitura como fonte de conhecimento. Indica-se o *link* da página do Ministério da Cultura para que o aluno possa acessar outras informações sobre os programas e as políticas de leitura e de livros propostos pelo governo brasileiro.

2. A atividade objetiva verificar o reconhecimento de elementos linguísticos como pistas deflagradoras de sentidos, identificar a progressão referencial como um encadeamento no texto para sua coerência e, ainda, oportunizar a identificação de alguns termos como nucleares no texto, os quais marcam o posicionamento de quem produz o conteúdo objeto de leitura. O produtor apresenta ao leitor "o problema" (2º parágrafo), que é acordar às 6 da manhã, expresso no início do texto como uma "pequena tragédia". Na sequência das ideias, o "problema" é reapresentado como "sofrimento" e, apesar

de uma passagem no tempo vivida pelo personagem no texto, há a reiteração dessa ideia inicial, podendo ser identificada na locução verbal com sentido marcado de processo contínuo ("continua sendo"): "Acordar continua sendo uma pequena tragédia" (4ª parágrafo). Permanece também o entendimento do acordar cedo como sofrimento: "acordar é minha dor de dente". Apesar dessa situação, o produtor apresenta o reconhecimento de que, uma vez acordado, assume suas atividades. Daí pode-se concluir que: "O meu problema não é no carburador, é no motor de arranque", ou seja, percebemos que sua dificuldade não é se movimentar para o seu dia a dia, mas sim dar a partida para as atividades do seu dia, que se inicia bem cedo.

Capítulo 5

Atividade de autoavaliação

1. **b.** O leitor competente é aquele que reconhece o conteúdo na superfície do texto, é capaz de estabelecer, com base nele, relações inferenciais e associá-las ao contexto e aos seus conhecimentos prévios. Por meio desse processamento, ele pode confrontar as ideias do texto com a realidade em que atua, promovendo uma leitura crítica capaz de lhe oportunizar meios de enfrentar a diversidade sociocultural e ressignificá-la. O conjunto desses mecanismos constitui habilidades específicas de leitura. Com esse entendimento, todas as alternativas apresentam características pertinentes a um leitor competente.

2. **b.** As expressões nominais são formas linguísticas constituídas por um nome, geralmente acompanhado de um determinante, mas não necessariamente. Elas têm a função de referir, dando continuidade

ao texto, mas também de contribuir na construção de sentido(s) à medida que assinalam direcionamentos argumentativos. As expressões referenciam um termo apontado no texto ou um conteúdo diluído em um ou mais parágrafos. No caso da expressão *esses eventos*, a referência que se faz envolve não só os elementos *Oscar* e *prêmio Nobel*, mas também os conhecimentos prévios que os leitores têm sobre esses nomes, o conteúdo que a eles se associam. Já *essa hipótese* refere-se à consideração de que "grupos não só desempenham papel essencial na criação de novos produtos, mas também asseguram sua valorização e impacto", ou seja, refere-se a uma porção maior expressa no texto, sumarizando as ideias que nele aparecem. Tanto uma expressão quanto a outra cumprem esse papel sumarizador, sendo, também, indicadoras de pontos de vista, pois a escolha do nome expressa grau avaliativo.

3. **a**. As alternativas I, reconhecer a lei islâmica, e II, ter um bom conhecimento enciclopédico, respondem a questão, pois habilidades fundamentais para compreender um texto abrangem o estabelecimento de inferências e de inter-relações. O segmento "Era pecado" faz referência a um tempo passado, que poderá ser de conhecimento do leitor. Saber o porquê de "ser pecado" vai requerer do leitor inferências que não estarão, necessariamente, no texto, mas que precisarão de seus conhecimentos arquivados na memória. Ele, portanto, com o conhecimento da realidade de jovens palestinos, no que diz respeito aos costumes do cotidiano, poderá reconhecer um pouco da lei islâmica, vendo-a como uma forma de proibição, comparada aos costumes do mundo a que pertence.

4. **b**. A primeira afirmativa está incorreta, pois não se pode afirmar que só a informação visual permite a construção de sentido. A incorreção aparece também na segunda frase, que afirma ser a predição

ser a única estratégia utilizada para a interpretação de texto. Essa limitação na visão do processo de compreensão leitora tornou inválidas essas duas alíneas – diferentemente das afirmações nas alíneas seguintes, as quais apresentam em seu conteúdo, respectivamente, a combinação da informação visual e o uso de estratégias inferenciais. Também temos, na quarta afirmativa, a construção de sentidos por meio de pistas linguísticas e diversos conhecimentos. Ao listar "diversos conhecimentos", podemos depreender que se trata não só de conhecimento de mundo, citado no texto, mas também de conhecimentos linguístico, interacional etc.

5. **d**. O objetivo da atividade é reconhecer e refletir sobre o surgimento de novos gêneros com o advento das novas tecnologias. São milhões de pessoas no Brasil que utilizam a internet e empregam um registro específico para este contexto: o "internetês", que, conforme Barreto (1997), quando comparado à comunicação oral, torna-se fácil perceber a proximidade de muitas características; no entanto, são modalidades distintas. Essa comunicação eletrônica, no chamado *tempo real*, tem de ser ágil, dinâmica; assim, não se pode perder tempo digitando as palavras com o rigor do dicionário, pois elas têm de acompanhar a velocidade do pensamento, como também do imediatismo comum nas interações face a face que, quando intermediadas pela escrita eletrônica, no contexto das redes sociais, descaracterizam-se, justificando o excesso de abreviações e a utilização de estratégias para driblar os impasses da situação comunicativa. Sob essas reflexões, podemos afirmar que, para a questão proposta, todas as alternativas estão corretas.

Atividade aplicada: prática

Em relação a esse texto, objetivamos que você:

a) identifique a argumentação principal;
b) relacione conteúdos;
c) estabeleça relações e confronte ideias;
d) avalie conteúdos e apresente pontos de vista.

Capítulo 6

Atividades de autoavaliação

1. **b.** É possível entender, por meio do trecho destacado, que a família e a escola desempenham importantes papéis na formação do leitor, influenciando no seu comportamento. No entanto, não se pode afirmar que se trata de uma responsabilidade dessas duas esferas, pois há um papel que cabe à sociedade no que diz respeito ao Poder Público e às práticas formais e informais de leitura.

2. **c.** Os elementos destacados nas alternativas funcionam como articuladores textuais, ora recuperando informação anteriormente expressa, ora apontando o conteúdo sequencial no texto. Assim, o pronome *eles* funciona como articulador textual e substitui a ideia "os *shows* do festival". Já o pronome *outro*, indefinido e não demonstrativo, substitui "fortes ventos", e não "fortes chuvas". O demonstrativo *isso* exerce uma função articuladora mais complexa, pois não se refere a um elemento pontual, mas ao conjunto dos fatos tratados como desastrosos, tal como uma classe de fenômenos. De forma semelhante, *assim*, funcionando como uma conjunção, também sumariza ideias, empregando-as como argumento para formular uma conclusão.

3. **a.** A expressão *o impasse* faz remissão a ideias diluídas nos dois primeiros parágrafos do texto: a demonstração de "conceitos e modelos do universo microscópico da Química é um dos principais desafios

no ensino da disciplina, [pois é impossível] fotografar elementos tão diminutos como átomos e moléculas [e isso] costuma dificultar a percepção de suas dinâmicas e formatos pelos alunos", e mesmo com a recorrência "aos recursos disponíveis nas salas de aula e laboratórios, como lousa, retroprojetor, imagens estáticas dos livros didáticos e modelos físicos de bolas e bastões", a representação é limitada. Isso gera o impasse. E a expressão *esse problema* estabelece a remissão aos conteúdos: "o aluno tinha dificuldade de imaginar o que o professor estava dizendo" e "o professor não sabia o que o aluno estava imaginando". Portanto, as expressões não se referem ao mesmo conteúdo no texto. As duas expressões têm valor coesivo e sumarizador, trata-se de ideias secundárias em relação ao que é apresentado no texto: o uso de animações em três dimensões. As expressões têm um teor avaliativo, no entanto, pode-se atribuir um grau aproximado entre elas, pois *problema* e *impasse* estão no mesmo campo lexical. Não há, pois, uma relação de maior ou menor grau, mas de equivalência, demonstrando aspectos que significavam desafios no ensino de Química. Com essas considerações, o que podemos afirmar com maior clareza de conteúdo e coerência sobre o texto é o que apresenta a alternativa **a**: elas são expressões sumarizadoras de conteúdo anteriormente expresso no texto.

4. **d**. O termo entre aspas está sendo empregado pelo produtor com um certo distanciamento em relação ao seu significado dicionarizado e até mesmo ao que possa adquirir no contexto, considerando opiniões sobre a significação assumida na compreensão. Ele pode assinalar para o leitor que a conversão pode não ser (e de fato não o é) legítima, mas uma aparente transformação sob o olhar da elite, pois a maioria da população não tem condições socioeconômicas para o perfil de consumo que o mercado exige. E ainda que tivesse,

a inserção das aspas exige uma leitura crítica, pois a ideia de conversão deve ser questionada.

5. **b.** De modo geral, a escrita de resumos considera, em relação a estrutura global do texto, a separação de informações: trivial, redundante e importante. A retirada de detalhes no texto, pela regra de apagamento, os quais podem ser apagados sem comprometer o sentido, é uma estratégia comumente empregada por quem resume textos – uma vez que regras de generalização, seleção e invenção exigem mais habilidade do produtor. Na generalização, por exemplo, acrescenta-se um termo em lugar do segmento que se apagou no texto; na seleção, indicam-se as ideias principais ou sentenças tópicas no texto; e na invenção, exige-se do produtor uma síntese com suas próprias palavras do significado do parágrafo, por exemplo.

Nota sobre os autores

Luiz Antonio Gomes Senna
Graduado em Letras pela Universidade do Estado do Rio de Janeiro (UERJ), mestre em Língua Portuguesa e doutor em Linguística Aplicada pela Pontifícia Universidade Católica do Rio de Janeiro (PUC-Rio). Professor Associado do Departamento de Estudos Aplicados ao Ensino da UERJ, membro do quadro permanente do Programa de Pós-graduação em Educação e líder do grupo de pesquisa Linguagem, Cognição Humana e Processos Educacionais nessa mesma instituição. Entre cerca de duzentos trabalhos acadêmicos nas áreas de linguística e

educação, publicou os títulos *Psicolinguística e letramento*, *Letramento: princípio e processos* e *Complexidade lexical e teoria de classe de palavras* (v. 1 e v. 2), todos pela Editora InterSaberes.

Maria Angélica Freire de Carvalho
Graduada em Letras (1995) pela UERJ, mestre em Educação (1998) por essa mesma instituição e doutora em Linguística (2005) pela Universidade Estadual de Campinas (Unicamp). Atualmente, é professora adjunta da Universidade Federal do Piauí (UFPI), onde atua em cursos de graduação, no Programa de Pós-graduação em Letras – Estudos de Linguagem, e desenvolve pesquisas na área de educação e linguagem, priorizando temas como sistemas de significação: estudo do texto e suas relações nos planos da expressão e do conteúdo; aspectos sociocognitivos da leitura; formação de leitores; práticas multiletradas e materiais didáticos de língua portuguesa.

Os papéis utilizados neste livro, certificados por instituições ambientais competentes, são recicláveis, provenientes de fontes renováveis e, portanto, um meio **respons**ável e natural de informação e conhecimento.

FSC
www.fsc.org
MISTO
Papel | Apoiando o manejo florestal responsável
FSC® C103535

Impressão: Reproset